The Edexcel Anthology of Music

Edited by Julia Winterson

Heinemann is an imprint of Pearson Education Limited, a company incorporated in England and Wales, having its registered office at Edinburgh Gate, Harlow, Essex, CM20 2JE. Registered company number: 872828

www.heinemann.co.uk

Heinemann is a registered trademark of Pearson Education Limited

Text copyright © Hinrichsen Edition, Peters Edition Limited, London

First published 2000
This edition first published 2008
15
10 9

British Library Cataloguing in Publication Data is available from the British Library on request.

ISBN: 978 1 846 904 08 0

Companion 4-CD Set available
ISBN: 978 1 846 904 09 7

Music engraving by Global Music Service, www.globalmusicservice.com
Printed in Malaysia (CTP-PPSB)

Foreword

The Edexcel GCE Anthology of Music is a collection of 63 pieces of music with recordings and scores. It has been designed to accompany the new Edexcel Advanced Subsidiary (first examination 2009) and Advanced GCE (first examination 2010) in Music. The pieces cover three new Areas of Study:

Area of Study 1 Instrumental music

Area of Study 2 Vocal music

Area of Study 3 Applied music

The full list of works for each Area of Study can be found on the contents pages. The numbering and order of pieces remain the same as in The New Anthology of Music. The works in Area of Study 3 are 'applied' in the sense that, rather than being 'pure' music for concert or domestic performance, they serve some wider purpose. So, for example, there are pieces which are used for dancing, religious worship or for accompanying the moving image.

The four anthology CDs contain a recording of each piece, with the exception of the Beatles' *A Day in the Life* (omitted for copyright reasons).

At Advanced Subsidiary level, the Areas of Study are Instrumental Music and Vocal Music. At Advanced GCE level, students continue with Instrumental Music and also study Applied Music. For each Area of Study there are set works which change from year to year. The lists of set works can be found by referring to Unit 3 (Developing Musical Understanding) and Unit 6 (Further Musical Understanding) in the new Edexcel Specification, and are also included here on page 6, immediately following the two contents pages. The specification encourages the integration of the various musical disciplines, and every Area of Study provides opportunities not only for the study of repertoire but also for the development of musical ideas through performing and composing activities.

Wherever possible the pieces are complete in themselves or are whole movements. Each piece has been presented in a format appropriate to the style of music, thus different styles of notation have been used. It is recognised that the use of notation is not common practice in some of the musical examples, but it was considered important nevertheless that notation be included for the purpose of analysis and to offer opportunities for performance. In general the recordings on the CDs closely match the printed scores; in a few cases there are slight differences owing to performance practice, the identification of which will help develop candidates' aural perception.

Acknowledgements

Edexcel acknowledges its indebtedness to all those who contributed their time and expertise to the development of this anthology. For their advice and editorial skills in its compilation, Edexcel is grateful to the following: Hugh Benham (Chief Examiner for Music), David Ashforth, Bruce Cole, Roy Wightman and Steve Lewis.

Thanks go to Peter Nickol for his technical expertise through the period of preparation for publication.

Edexcel would like to express its gratitude to the following musicians who transcribed pieces: Andy Channing (59), Amy Dyson (62), Bart Gruson (63), Philip Honnor (50), Graham Redwood (49 and 51), Elizabeth Sharma (60), Neil Sorrell (58) and Mirian Walton (61). Edexcel is particularly grateful to Kevin Healy, who transcribed all of the following pieces: 48, 52, 53, 55, 56 and 57.

Contents

in numerical order

Contents
grouped by Area of Study

Set works for Unit 3: Developing Musical Understanding

2009

Instrumental Music 2 Haydn, 13 Holborne, 18 Brahms, 24 Debussy

Vocal Music 31 Stravinsky, 34 Weelkes, 38 Schubert, 51 Howlin' Wolf, 55 Desmond Dekker and the Aces

2010

Instrumental Music 1 Bach, 9 Shostakovich, 19 Poulenc, 22 Mozart

Vocal Music 32 Tavener, 35 Monteverdi, 39 Fauré, 53 The Kinks, 56 Van Morrison,
63 Familia Valera Miranda

2011

Instrumental Music 6 Tippett, 8 Webern, 16 Haydn, 21 Bach

Vocal Music 11 Berio, 30 Bruckner, 33 Dowland, 41 Gershwin, 55 Desmond Dekker and the Aces, 57 Oasis

2012

Instrumental Music 3 Berlioz, 15 Corelli, 17 Beethoven, 23 Schumann

Vocal Music 31 Stravinsky, 34 Weelkes, 37 Haydn, 52 Carl Perkins, 54 The Beatles

2013

Instrumental Music 5 Debussy, 12 Reich, 19 Poulenc, 22 Mozart

Vocal Music 32 Tavener, 33 Dowland, 35 Monteverdi, 38 Schubert, 51 Howlin' Wolf, 56 Van Morrison

Set works for Unit 6: Further Musical Understanding

2010

Applied Music 7 Stravinsky, 14 G. Gabrieli, 36 Purcell, 44 Goldsmith, 59 Gong Kebyar de Sebatu

Instrumental Music 6 Tippett, 10 Cage, 15 Corelli, 16 Haydn, 17 Beethoven, 23 Schumann,
48 Louis Armstrong and his Hot Five

2011

Applied Music 28 Bach, 40 Schoenberg, 43 Bernstein, 45 Williams, 61 Niall Keegan

Instrumental Music 2 Haydn, 13 Holborne, 18 Brahms, 21 Bach, 25 Shostakovich,
49 Duke Ellington and his Orchestra, 50 Miles Davis Quintet

2012

Applied Music 7 Stravinsky, 27 G. Gabrieli, 42 Auric, 46 Pheloung, 62 Mustapha Tettey Addy

Instrumental Music 3 Berlioz, 9 Shostakovich, 10 Cage, 15 Corelli, 20 Sweelinck, 22 Mozart,
58 Ram Narayan

2013

Applied Music 14 G. Gabrieli, 28 Bach, 43 Bernstein, 44 Goldsmith, 59 Gong Kebyar de Sebatu

Instrumental Music 5 Debussy, 12 Reich, 13 Holborne, 16 Haydn, 18 Brahms, 19 Poulenc,
50 Miles Davis Quintet

2014

Applied Music 4 Wagner, 26 Taverner, 29 Haydn, 47 Horner, 60 Red Stripe Ebony Steelband

Instrumental Music 1 Bach, 8 Webern, 17 Beethoven, 20 Sweelinck, 23 Schumann, 24 Debussy,
49 Duke Ellington and his Orchestra

1 Brandenburg Concerto No. 4 in G: movement I

Johann Sebastian Bach (1685–1750)

CD 1 track 1

80
Solo
85
90
Tutti
11

95
100
105
110
115
12

250
255
pp
pp
260
265

290
295
300
23

305
310
315
tr
24

320
325
330
335

2 Symphony No. 26 in D minor, 'Lamentatione': movement I

Joseph Haydn (1732–1809)

CD 1 track 2

Ob.
Ob.
Fg.
Vl. I
Vl. II
Va.
Vc.
Cb.
15
(Evangelist)
(f)
(f)
f
f
f
f
f
20
25
(Christ)
p
p
p
p
p
p

30
(Evangelist)
f
f
f
f
f
f
f
f
35
(Jews)

Ob.
40
a 2
Fg.
Vl. I
Vl. II
Va.
Vc.
Cb.
45
a 2
50

Ob.
65
Fg.
Cor. (D)
a 2
Vl. I
Vl. II
Va.
Vc.
Cb.
p
p
p
p
p
p
p
70
f
f
f
f
f
f
f

90
a 2
p
tr
p
tr
p
p
p
95
Ob.
p
Ob.
p
Fg.
p
Cor. (D)
p
Vl. I
Vl. II
Va.
Vc.
Cb.

110
115
120
f
a 2

3 Harold in Italy: movement III

Hector Berlioz (1803–1869)

CD 1 track 3

Picc.
Ob.
Cl.
Bsn
Vla
sostenuto
sostenuto
sostenuto
sostenuto
sostenuto
sostenuto

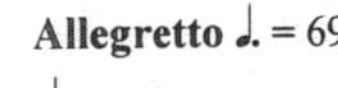

Allegretto ♩. = 69

(♩. del Allegretto eguale a ♩. del Allegro assai precedente.)

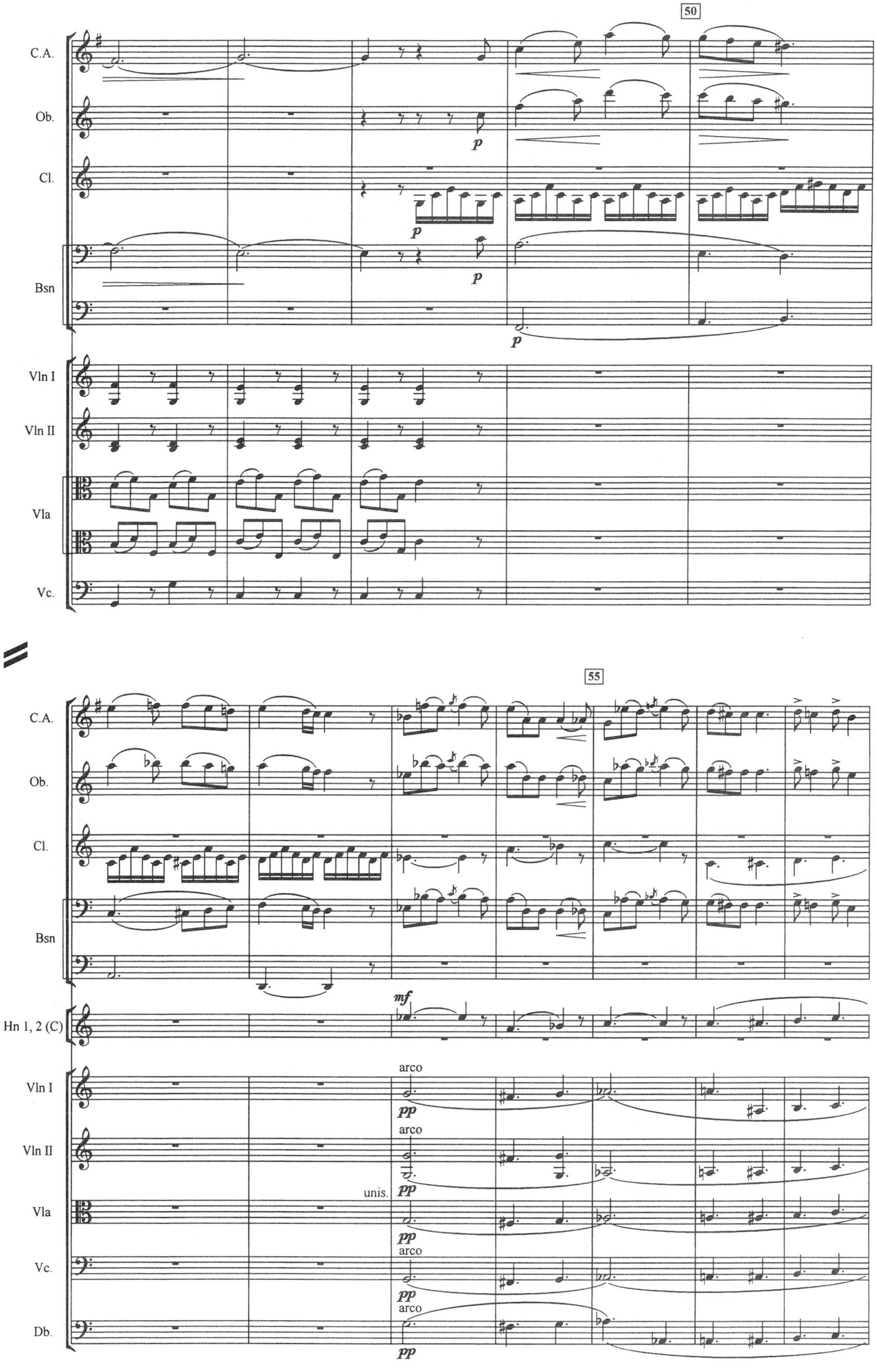
50
C.A.
Ob.
Cl.
Bsn
Vln I
Vln II
Vla
Vc.
55
C.A.
Ob.
Cl.
Bsn
Hn 1, 2 (C)
Vln I
Vln II
Vla
Vc.
Db.
arco
unis.

60
65
C.A.
Ob.
Cl.
Bsn
Hn 1, 2 (C)
Soli
p
Hn 3 (F)
p
Hn 4 (E)
p
Viola Solo
Thème de l'Adagio
p espr.
Vln I
pizz.
p
Vln II
pizz.
p
Vla
p
p
Vc.
pizz.
p
Db.

70
Picc.
Fl.
C.A.
Ob.
Cl.
Bsn
Hn 1, 2 (C)
Hn 3 (F)
Hn 4 (E)
Hp
pp
Viola Solo
Vln I
arco
divisi
Vln II
arco
divisi
Vla
Vc.
arco
p
pizz.
Db.
p

Picc.
C.A.
Ob.
Cl.
Hn 1, 2 (C)
Hn 3 (F)
Hp
Viola Solo
mf
Vln I
pp
Vln II
pp
Vla
pp
pp
Vc.
Db.

80 Solo
Picc.
Fl.
Solo
C.A.
Ob.
Cl.
Bsn
Soli
Hn 1, 2 (C)
Hp
Viola Solo
Vln I
Vln II
Vla
Vc.
Db.

85
Fl.
C.A.
Ob.
Cl.
Bsn
Hn 1, 2 (C)
Hp
Viola Solo
Vln I
Vln II
Vla
Vc.
Db.
poco f
poco f

90
Picc.
Fl.
C.A.
Ob.
Cl.
a2
mf
Bsn
mf
Hn 1, 2 (C)
mf
Hp
Viola Solo
Vln I
Vln II
Vla
Vc.
Db.
p
p
3
3
3
3

Picc.
Fl.
C.A.
Ob.
Cl.
Bsn
Hn 1, 2 (C)
Hp
Viola Solo
Vln I
Vln II
Vla
Vc.
Db.
p
p
p
p
3
3
3
p
52

95
Picc.
Fl.
C.A.
Ob.
Bsn
Hn 1, 2 (C)
Solo
mf
Hn 3 (F)
Solo
mf
Hp
cresc.
f
Viola Solo
poco f
f
p
Vln I
pizz.
p
cresc.
f
Vln II
pizz.
p
cresc.
f
Vla
poco f
p
cresc.
f
poco f
p
cresc.
f
Vc.
pizz.
p
cresc.
f
Db.
cresc.
f

100
105
Picc.
Fl.
C.A.
Ob.
Cl.
Bsn
Hn 1, 2 (C)
Hn 3 (F)
Hn 4 (E)
Viola Solo
Vln I
Vln II
Vla
Vc.
Db.
mf
mf
mf
mf
pp
pp
mf
pp
p
p
p
p
p
1.

110
Picc.
Fl.
C.A.
Ob.
Cl.
Bsn
p
p
Hn 1, 2 (C)
Hn 3 (F)
Viola Solo
Vln I
cresc. ff
Vln II
cresc. ff
Vla
cresc. ff
Vc.
cresc. ff
Db.
cresc. ff

115
C.A.
Ob.
Cl.
Bsn
Hn 1, 2 (C)
mf
Viola Solo
Vln I
arco
pp
Vln II
arco
pp
Vla
arco
pp
arco
pp
Vc.
arco
pp
Db.
arco
pp
56

120
Picc.
Fl.
C.A.
Ob.
Cl.
Bsn
Hn 1, 2 (C)
Viola Solo
Vln I
Vln II
Vla
Vc.
Db.
p
p

125
Picc.
Fl.
C.A.
Solo
pp
Ob.
Cl.
Bsn
Solo
pp
Hn 1, 2 (C)
Hn 3 (F)
Hn 4 (E)
p
Viola Solo
sf
Vln I
pizz.
p
Vln II
pizz.
p
Vla
p
p
Vc.
pizz.
p

130
135
C.A.
Bsn
Hn 1, 2 (C)
pp
Hn 4 (E)
pp
Viola Solo
Vln I
Vln II
Vla
pp
ten.
pp
ten.
Vc.
pizz.
Db.
Allegro assai ♩. = 138
140
Picc.
Solo
mf
Ob. Solo
Ob.
mf
f
p
Cl.
f
p
Bsn
f
p
Vla
f
p
f
p

Allegretto ♩. = 69 (doppio meno mosso)
Picc.
Fl.
pp
Ob.
Cl.
Bsn
Hp
p
Viola Solo
p
Vln I
arco, con sord
ppp
Vln II
arco, con sord
ppp
Vla
Vc.
arco, con sord
ppp
Db.
pizz.
p

170
Fl.
Hp
Viola Solo
Vln I
Vln II
Vla
Vc.
Db.
175
dim. poco a poco
dim. poco a poco
dim. poco a poco
dim. poco a poco
dim. poco a poco
dim. poco a poco

Fl.
Hp
Viola Solo
Vln I
Vln II
Vla
Vc.
180
(dim)
(dim)
(dim)
(dim)
(dim)
(dim)
(dim)
Fl.
Hp
Viola Solo
Vln I
Vln II
Vla
Vc.
Db.
185
perdendosi
perdendosi
perdendosi
perdendosi
perdendosi
pp

190
Fl.
Hp
Viola Solo
Vln I
Vln II
Vla
perdendosi
perdendosi
Vc.
Db.
195
Viola Solo
Vln I
Vln II
Vla
ppp
ppp
Vc.
200
Viola Solo
Vla
ppp
ppp

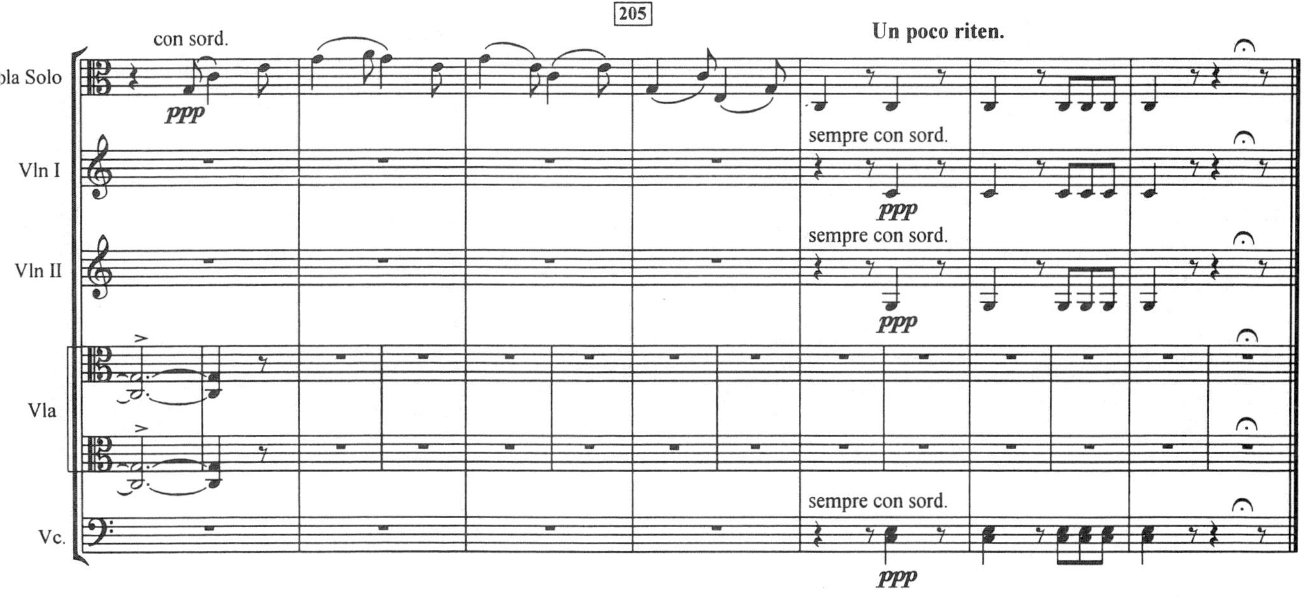

Prelude *to* Tristan und Isolde

Richard Wagner (1813–1883)

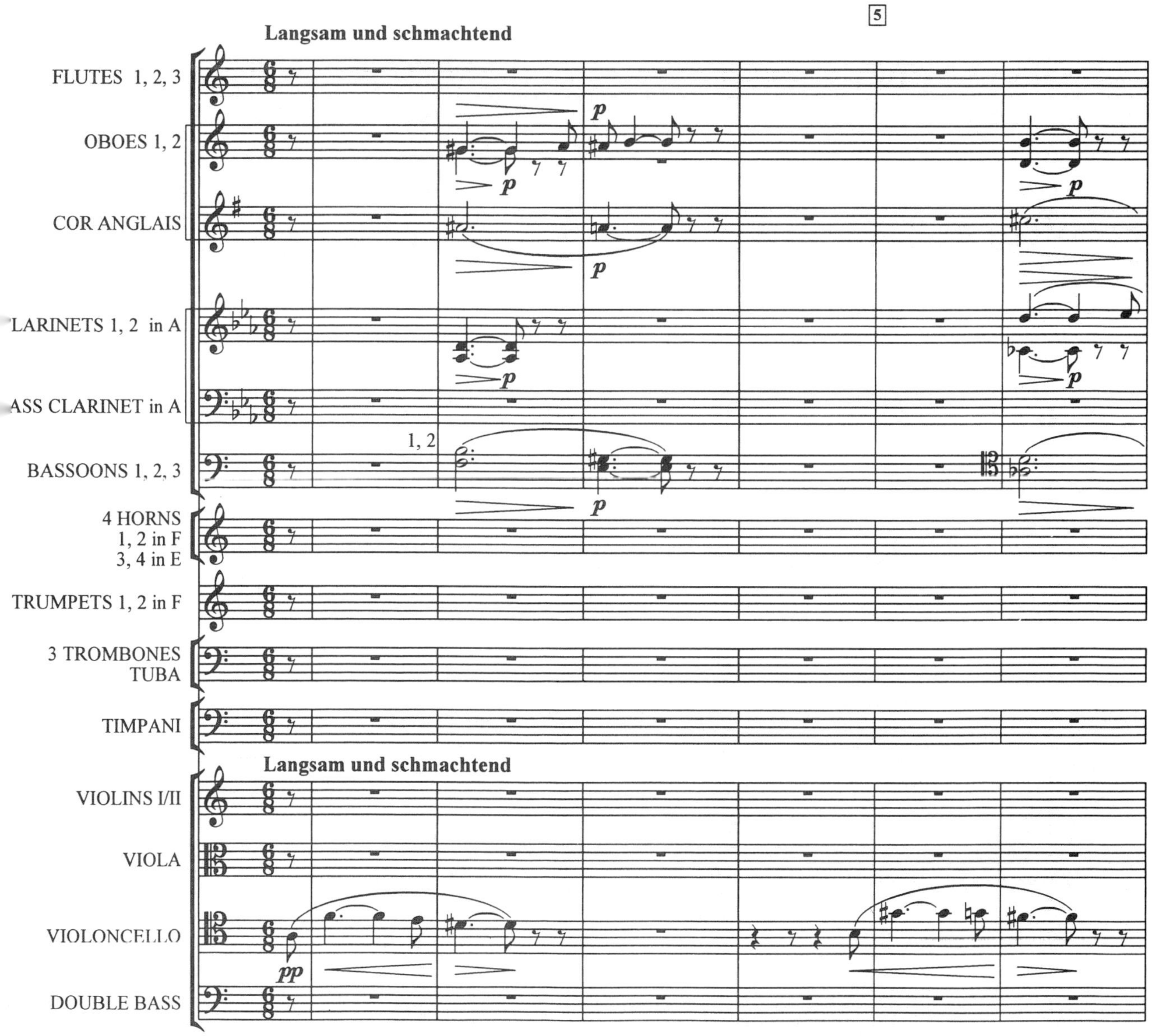

CD 1 track 4

10
Fl. 1, 2
Ob. 1, 2
C. A.
Cl. 1, 2
Bsn 1, 2
Hn 1, 2 (F)
Vln I
Vln II
Vla
Vc.
Db.
66

Fl. 1, 2
Ob. 1, 2
C. A.
Cl. 1, 2
B. Cl. (A)
Bsn 1, 2
Bsn 3
Hn 1, 2 (F)
Hn 3, 4 (E)
Vln I
Vln II
Vla
Vc.
Db.
15
a 2
sf
più f
ff
p
(in F)
(in E)
pp
pizz.
arco
cresc.
f

20
Poco rall.
Riten.
B. Cl. (A)
f
p
p
cresc.
f
Bsn 1, 2
f
p
f
Bsn 3
f
p
Hn 3, 4 (E)
p
f
Poco rall.
Riten.
Vln I
Sul G
p
cresc.
f
Vln II
(Sul G)
p
p
cresc.
f
Vla
arco
f
p
p
cresc.
f
Vc.
f
p
p
cresc.
f
Db.
arco
f
p
p
cresc.
f

25 A tempo
30
C. A.
ten.
f
p
B. Cl. (A)
dim.
p
p
p
sf
p
a 2
Bsn 1, 2
p
p
sf
p
Bsn 3
p
sf
p
Hn 1, 2 (F)
ten.
f
Hn 3, 4 (E)
ten.
p
f
A tempo
Vln I
dim.
p
p
f
p
Vln II
dim.
p
p
f
p
Vla
dim.
p
p
f
p
zart
Vc.
dim.
p
p
f
p
Db.
dim.
p
p
f
p

35
Ob. 1, 2
1.
p
cresc.
f
p
C. A.
ten.
f
p
p
Cl. 1, 2
p
cresc.
f
p
B. Cl. (A)
sf
cresc.
f
p
Bsn 1, 2
(a2)
sf
cresc.
f
p
Bsn 3
sf
p
pp cresc.
f
p
Hn 1, 2 (F)
ten.
1.
f
p
cresc.
p
Hn 3, 4 (E)
ten.
f
cresc.
f
p
Vln I
f
p più p
Vln II
f
p
cresc.
f
Vla
f
p
cresc.
f
zart
(get.)
p
Vc.
f
p
(get.)
p
Db.
f
p
cresc.
f

40
Fl. 1, 2
Ob. 1, 2
C. A.
Cl. 1, 2
Bsn 1, 2
Bsn 3
Hn 1, 2 (F)
Hn 3, 4 (E)
Vln I
Vln II
Vla
Vc.
Db.
belebt
belebt
ten.
belebt
1.
(a2)
molto cresc.
molto cresc.
molto cresc.
molto cresc.
molto cresc.
molto cresc.
(gct.)
sf
sf
sf
sf
p
p
p
p
p
p
71

Belebend
Rallent.
45
A tempo
Fl. 1, 2
Ob. 1
Ob. 2
C. A.
Cl. 1
Cl. 2
B. Cl. (A)
Bsn 1, 2
Bsn 3
Hn 1, 2 (F)
Hn 3, 4 (E)
Belebend
Rallent.
A tempo
Vln I
Vln II
Vla
Vc.
Db.
zart
dim.
zart
dim.
zart
dim.
dim.
ff
dim.
ff
dim.
1.
dim.
3.
zart
dim.
ff
(Sul G)
ff
dim.
ff
dim.
ff
ff
p
p
p
p
1.

50
a2
Fl. 1, 2
Fl. 3
Ob. 1
Ob. 2
C. A.
Cl. 1
Cl. 2
B. Cl. (A)
Bsn 1, 2
Bsn 3
Hn 1, 2 (F)
Hn 3, 4 (E)
Vln II
Vla
Vc.
Db.
a2
1.
sf
p
cresc.

55
60
1.
a2
a2
Fl. 1, 2
Fl. 3
Ob. 1
Ob. 2
C. A.
Cl. 1
Cl. 2
B. Cl. (A)
Bsn 1, 2
Bsn 3
Hn 1, 2 (F)
Hn 3, 4 (E)
Vln I
Vln II
Vla
Vc.
Db.
dim.
dim.
dim.
dim.
dim.
dim.
dim.
dim.
cresc.
cresc.

Fl. 1, 2
Fl. 3
Ob. 1
Ob. 2
C. A.
Cl. 1
Cl. 2
B. Cl. (A)
Bsn 1, 2
Bsn 3
Hn 1, 2 (F)
Hn 3, 4 (E)
Vln I
Vln II
Vla
Vc.
Db.
più f
ff
espress.
p
meno f
f
dim.
a2
(a2)
3
75

65
Fl. 1, 2
Ob. 1, 2
C. A.
Cl. 1
Cl. 2
B. Cl. (A)
Bsn 1, 2
Bsn 3
Hn 1, 2 (F)
Hn 3, 4 (E)
Tbn. 1, 2
Tbn. 3
Vln I
Vln II
Vla
Vc.
Db.
p cresc.
a2
p molto cresc.
f
p molto cresc.
f
f
p
f
p
(a2)
p f p
p
(a2)
f
p
p f p
2. p cresc.
p
p
sempre più f
p f
sempre più f
p
sempre più f
p f
sempre più f
p f

70
Fl. 1, 2
Ob. 1, 2
C. A.
Cl. 1, 2
B. Cl. (A)
Bsn 1, 2
Bsn 3
Hn 1, 2 (F)
Hn 3, 4 (E)
Tbn. 1, 2
Tbn. 3
Vln I
Vln II
Vla
Vc.
Db.

Fl. 1, 2
Fl. 3
Ob. 1, 2
C. A.
Cl. 1, 2
B. Cl. (A)
Bsn 1, 2
Bsn 3
Hn 1, 2 (F)
Hn 3, 4 (E)
Tbn. 1, 2
Tbn. 3
Vln I
Vln II
Vla
Vc.
Db.
p cresc.
a2
più f
più f
ff
a2
più f
ff
più f
ff
a2
più f
a2
molto cresc.
f
a2
più f
cresc.
cresc.
più f
p
f
più f
più f
più f
più f cresc.

a3
75
Fl. 1, 2, 3
Ob. 1, 2
ff
C. A.
ff
Cl. 1, 2
ff
B. Cl. (A)
ff
Bsn 1, 2
più f
ff
più f
Bsn 3
più f
ff
Hn 1, 2 (F)
più f
ff
Hn 3, 4 (E)
più f
ff
Tbn. 1, 2
f
Tbn. 3
f
Tba
f
Timp.
tr
tr
tr
p cresc.
Vln I
3
3
3
3
3
ff
Vln II
Sul G
Vla
3
3
3
3
3
ff
Vc.
ff
Db.
ff

Fl. 1, 2, 3
Ob. 1, 2
C. A.
Cl. 1, 2
B. Cl. (A)
Bsn 1, 2
Bsn 3
Hn 1 (F)
Hn 2 (F)
Hn 3, 4 (E)
Tba
Timp.
Vln I
Vln II
Vla
Vc.
Db.
(a3)
80
sempre f
più f
più f
sempre f
più f
sempre f
sempre f
ff
sempre f
sempre f
dim.
f espress.
sempre f
f espress.
dim.
3.
sempre f
4.
sempre f
mf
sempre f
più f
sempre f
più f
trem.
sempre f
espress.
dim.
f
sempre f
più f

Fl. 1, 2, 3
Ob. 1, 2
C. A.
Cl. 1, 2
B. Cl. (A)
Bsn 1, 2
Bsn 3
Hn 1, 2 (F)
Hn 3, 4 (E)
Tpt 1, 2 (F)
Tbn. 1, 2
Tbn. 3
Tba
Timp.
Vln I
Vln II
Vla
Vc.
Db.
(a3)
Allmählich im Zeitmaß etwas zurückhaltend
85
1. 2.
Allmählich im Zeitmaß etwas zurückhaltend

82

95
Ob. 1
Ob. 2
C. A.
B. Cl. (A)
Bsn 1, 2
Hn 1, 2 (F)
Hn 3, 4 (E)
Vln I
Vln II
Vla
Vc.
Db.
2.
pizz.
dim.

100
105
Ob. 1
C. A.
Cl. 1
B. Cl. (A)
Bsn 1, 2
Hn 1, 2 (F)
Timp.
Vln I
Vln II
Vla
Vc.
Db.
p
p
p
p
p
p
più p
più p
f
f
f
f
f
pizz.
110
Cl. 1
B. Cl. (A)
Bsn 1, 2
Vc.
Db.
pp
pp
pp
pp
pp
pizz.
pizz.
arco

5 Prélude à l'après-midi d'un faune

CD 1 track 5

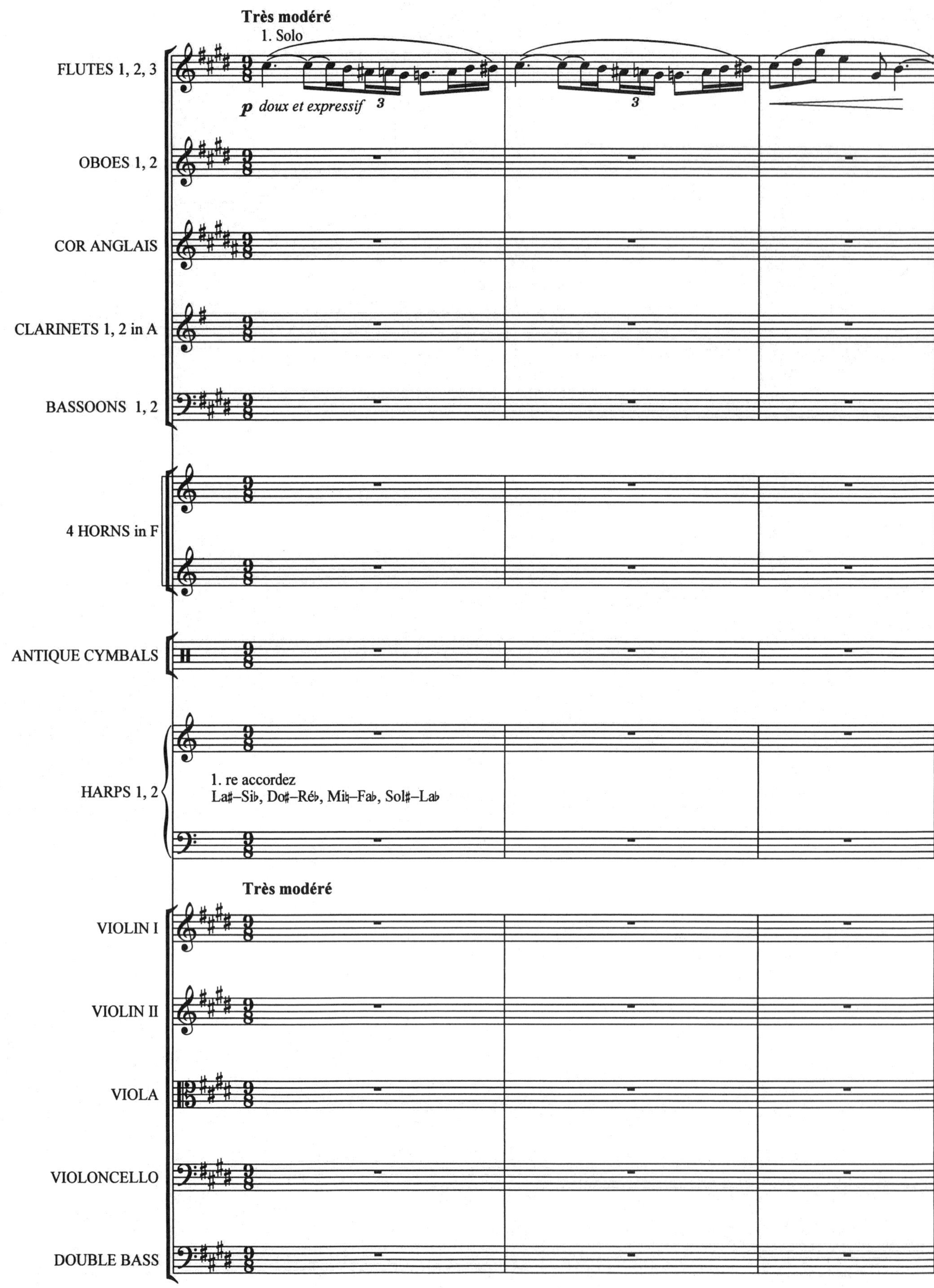

5
Fl.
Ob.
Cl. (A)
Hn
1.
3.
Hp 1
glissando
glissando
Hp 2
Vln I
(sourdine)
div.
Vln II
(sourdine)
div.
Vla
(sourdine)
Vc.
div. (sourdine)
Db.
p
p
p
p
pp
pp
pp
pp
pp
pp

10
Fl.
1. Solo
p
3
Cl. (A)
pp
Hn
p
p
p
Hp 2
pp
ppp
Vln II
div. (sur la touche)
pp
Vla
(sur la touche)
pp
pp
Vc.
(sur la touche)
pp
pp
Db.
a 2
pp
pp

Fl.
Ob.
Cl. (A)
Bsn
Hn
Vln II
Vla
Vc.
Db.
15
3
pp
1.
p
expressif
1.
p
1.
p
1.
p
3.
p
89

Fl.
1. Solo
légèrement et expressif
p
Hn
2.
pp
4.
pp
Hp 1
8va
pp
5
5
5
5
5
Hp 2
pp
pp
Vln II
pp
Vla
pp
Vc.
div.
pp
Db.
pizz.
pp

Fl.
Cl. (A)
Bsn
Hn
Hp 1
Hp 2
Vln II
Vla
Vc.
Db.
25
p
p
p
1.
1.
p
2, 4
pp
p
p
pizz.
div. arco
pp
pizz.
arco
pp
unis. pizz.
arco
pp
3
5
5
5
5
5

Fl.
2.
Hn
(2, 4)
div.
Vla
div.
Vc.
Cédez
Fl.
f
3 3 3 3 3 3
f
3 3 3 3 3 3
Bsn
1.
tr
tr
p
Vln II
unis.
dim.
Cédez
Vla
unis.
div.
dim.
p
Vc.
dim.
p
Db.
arco
div.
dim.

30
au Mouvt.
Fl.
(1.)
p
Cl. (A)
1.
p < f
p
Hn
sourdines
sfz
p
sourdines
p
p
Hp 1
au Mouvt.
Vln II
ôtez vite les sourdines
p
Vla
ôtez vite les sourdines
p
Vc.
ôtez vite les sourdines
unis.
pp
p
Db.
unis. pizz.
p

(sans trainer)
(♪ = ♪)
Fl.
Cl. (A)
Bsn
Hn
Hp 1
Vln I
Vln II
Vla
Vc.
Db.
(sans trainer)
(♪ = ♪)
mf
p
1.
1.
1.
tr
pizz.
pizz.
arco
pizz.
arco
pizz.
sfz
sfz
sfz
sfz
p
p
p
p

35
Fl.
Cl. (A)
mf
p
Bsn
ôtez les sourdines
Hn
sfz
p
p
ôtez les sourdines
sfz
Hp 1
p
f
pizz.
Vln I
sfz
pizz.
Vln II
p
sfz
pizz.
Vla
p
sfz
arco
pizz.
Vc.
pp
p
sfz
div.
unis.
Db.
p

En animant (♩ = 72)
Fl.
1.
f
trᵐᵐᵐ
Ob.
1. Solo
doux et expressif
cre - - - - - - -
C. A.
cre - - - - - - -
Cl. (A)
1.
Bsn
1.
p
p
Hn
3, 4
Hp 1
En animant (♩ = 72)
div.
arco
Vln II
unis.
p
p
cre - - - - - -
Vla
arco
p
p
cre - - - - -
Vc.
arco
p
cre - - - - - -
Db.
div.
p
p

40
Fl.
Ob.
C. A.
Cl. (A)
Bsn
Hn
Vln I
Vln II
Vla
Vc.
Db.
1.
2.
1.
2.
1, 2
3.
p
p
p
p
p
p
p
p
p
p
p
p
mf
mf
mf
mf
mf
mf
mf
mf
- scen - - - - - - do
- scen - - - - - - do
- scen - - - - - - do
- scen - - - - - - do
- scen - - - - - - do
cresc.
cresc.
cresc.
Changez en Si♭
arco
arco
div.
div.
99

Toujours en animant
45
Fl.
cresc.
mf
f
2, 3
cresc.
mf
f
Ob.
cresc.
mf
f
C. A.
cresc.
mf
f très en dehors
Cl. (B♭)
1.
a 2
a 2
p cresc.
mf
f très en dehors
Bsn
1.
a 2
p cresc.
mf
f
Hn
mf
mf
mf
f
mf
mf
mf
f
Toujours en animant
Vln I
6
mf
f
Vln II
6
mf
f
Vla
mf
mf
f
f
Vc.
mf
mf
f
f
unis.
Db.
mf
mf
f
f

retenu _ _ _ _ _ _ _ _ _ 1er mouvt.
50
Fl.
p dim.
2.
p dim.
Ob.
f
C. A.
f
dim.
Cl. (B♭)
1.
f
dim.
Solo
p doux et expressif
Bsn
f
dim.
2.
p
pp
Hn
1.
f (en dehors)
dim.
p dim.
pp
pp
3.
f (en dehors)
dim.
p
pp
pp
Hp 1
p
Hp 2
pp
pp
retenu _ _ _ _ _ _ _ _ _ 1er mouvt.
div.
Vln I
più f
dim.
p dim.
pp
pp
div.
Vln II
più f
dim.
p dim.
pp
pp
Vla
più f
dim.
p dim.
pp
div.
Vc.
più f
dim.
p dim.
pp
Db.
più f
dim.
p dim.
pp
pp

Cédez un peu
55
Même mouvt. et très soutenu
Fl.
ppp
p expressif et très soutenu
2.
ppp
p
Ob.
1.
p
p expressif et très soutenu
C. A.
p expressif et très soutenu
Cl. (Bb)
p expressif et très soutenu
Bsn
pp
Hn
p
3, 4
pp
Cédez un peu
Même mouvt. et très soutenu
Vln I
p
pp
Vln II
p
pp
div.
Vla
pp
unis. pizz.
arco
Vc.
p
pp
pp
Db.
p
pp

Fl.
Ob.
C. A.
Cl. (B♭)
Bsn
Hn
Vln I
Vln II
Vla
Vc.
Db.
60
mf
2, 3
p cre - - - scen - - - do f
a 2
mf
p cre - - - scen - - - do f
mf
p cre - - - scen - - - do f
mf
p cre - - - scen - - - do f
1.
pp
mf cresc. f
f
4.
pp
f
p cresc.
f
unis.
pp cre - - - scen - - - do f
unis.
pp cre - - - scen - - - do f
div.
unis.
pp cre - - - scen - - - do f
pp cre - - - scen - - - do f

En animant
Fl.
Ob.
C. A.
Cl. (B♭)
Bsn
Hn
Hp 1
Hp 2
En animant
unis. très expressif et très soutenu
Vln I
Vln II
Vla
Vc.
Db.
pp subito
pp subito
pp subito
pp subito
pp subito
pp
pp
pp
pp
a 2
div.

Toujours animé
cre - - - - - scen - - - do
cre - - - - - - scen - - -
65
Fl.
mp
cre - - - - - scen - - - - do
cre - - - - - - scen - - -
Ob.
a 2
mp
cre - - scen - - do
mp cre - - - - scen
C. A.
mp
cre - - - - - scen
Cl. (B♭)
mp
cre - - - - scen - - -
cre - - - - - scen - - - - do
Bsn
cre - - - - scen - - - do
mp cre - - - scen
Hn
cre - - - - scen - - - do
mp
cre - - - - - scen
3.
mp
cre - - - - - scen - - -
cresc. - - - - - - - - -
Hp 1
mp cre - - - - - scen
cre - - - - - scen - - - - do
Hp 2
mp cre - - - - - scen
cre - - - - - scen - - - - do
Toujours animé
Vln I
cre - - - - scen - - - - do
mp cre - - - - - scen - - -
Vln II
cre - - - - scen - - - - do
mp cre - - - - - scen - - -
Vla
cre - - - - scen - - - - do
mp cre - - - - - scen - - -
Vc.
cre - - - - scen - - - do
mp cre - - - - - scen - - -
Db.
cre - - - - scen - - - - do
mp cre - - - - - scen - - -

Fl.
Ob.
C. A.
Cl. (B♭)
Bsn
Hn
Hp 1
Hp 2
Vln I
Vln II
Vla
Vc.
Db.
- - - do molto
mf
f
ff
70
3.
4.

Cédez un peu
Fl.
Ob.
C. A.
Cl. (B♭)
Bsn
a 2
Hn
p expressif et doux
3.
Hp 1
sfz
Hp 2
Cédez un peu
Vln I
sourdines
Vln II
sourdines
Vla
div.
sourdines
Vc.
sourdines
Db.
mf
f
mf
mf
f
mf
f
mf
f
mf
f
p
pp
p
p
pp
p
p
pp
p
p
pp

107

75
Ob.
Cl. (Bb)
1.
pp très doux
pp
ppp
3 3
3 3
Hn
più p
pp
ppp
più p
pp
ppp
Vln I
1. Solo
p doux et expressif
p
Db.
pp
Mouvt. du Début
doux et expressif
80
Fl.
1.
p
Ob.
Cl. (Bb)
Hn
Hp 1
pp
Mouvt. du Début
Vln I
Vln II
div.
pp
Vla
div.
pp
Vc.
div.
pp
Db.
div.
pp

Fl.
Cl. (B♭)
Bsn
Hp 1
Vln II
Vla
Vc.
Db.
(1.)
pp
pp
Un peu plus animé
Fl.
pp
Ob.
1.
p
sfz
tr
Cl. (B♭)
pp
p
Bsn
pp
p
pp
Hn
sourdines
pp
sourdines
3.
pp
pp
Un peu plus animé
Vln II
pizz.
pizz.
Vla
pizz.
Vc.
pizz.
arco
pizz.
pp
pp
Db.
pizz.
arco
pizz.
pp
pp

85
1er mouvt.
Fl.
2, 3
pp
pp
doux et expressif
Ob.
1.
pp
p
C. A.
pp
Cl. (B♭)
p
pp
Bsn
p
pp
Hn
pp
pp
Hp 1
préparez le ton de Mi♭
pp
sur la touche
1er mouvt.
Vln I
pp
arco
sur la touche
div.
pos. nat.
Vln II
pp
arco
sur la touche
div.
pos. nat.
Vla
pp
arco
pp
arco
sur la touche
div.
unis
pos. nat.
Vc.
pp
pp
arco
div.
Db.
pp

110

(1.)
Ob.
Hp 1
Hp 2
accordez sur Si♯–Do♮, Ré♯–Mi♭, Fa♯–Sol♭, La♯–Si♭
Vln II
Vla
div.
Vc.
Db.
3

90 dans le mouvt. plus animé
Fl.
p
p
Ob.
(1.)
3
p
C. A.
tr
sfz
Cl. (Bb)
Changez en Lab
pp
pp
Bsn
pp
pp
Hn
pp
3.
pp
Hp 1
Hp 2
glissando
dans le mouvt. plus animé
Vln II
pizz.
Vla
pizz.
Vc.
pp
pizz.
Db.
pp
pizz.
112

Fl.
Ob.
C. A.
Cl. (A)
Bsn
Hn
Hp 2
Vln II
Vla
Vc.
Db.
(1.)
trm
p
sfz
mf
pp
pp
pp
pp
pp
pp
p
1. cuivré
glissando
pizz.
arco
pizz.
arco
div.
arco
pizz.
arco
unis.
arco
pizz.
arco
unis.
pp
pp
pp
pp
pp

retenu
Dans le 1er mouvt. avec plus de langueur
Fl.
p expressif et doux
6
6
2.
p expressif et doux
6
6
C. A.
p
Cl. (A)
pp
1. bouché
naturel
pp
Hn
pp
3, 4
pp
Antique cymbals – tuning
Antique Cymbals
pp
retenu
Dans le 1er mouvt. avec plus de langueur
sur la touche
Vln I
Divisés
pp
pp
sur la touche
pp
sur la touche
Vln II
Divisés
pp
sur la touche
pp
sur la touche
Vla
Divisés
pp
sur la touche
pp
div. sur la touche
Vc.
pp
Db.

95
Fl.
(2.)
mf
p
Ob.
mf
p
Cl. (A)
a 2
pp
pp
pp
Bsn
1.
pp
Hn
Antique Cymbals
pp
pp
2 1st Violins
sans sourdines
pp très doux et expressif
p
p
Vln I
Vln II
Vla
1 Cello Solo
Vc.
p
p

100
Fl.
Ob.
Cl. (A)
Bsn
Hn
1. sourdine
2.
3.
4.
Antique Cymbals
Hp 1
2
1st Violins
Vln I
Vln II
Vla
Vc.
Db.
pos. nat.
expressif (un peu en dehors)

Retenu
Fl.
Ob.
C. A.
Cl. (A)
Bsn
Hn
Antique Cymbals
Hp 1
2 1st Violins
Vla
Vc.
Db.
Retenu
117

105 Très retenu
Très lent et très retenu jusqu'à la fin
(a tempo)
Fl.
Solo
Ob.
p
C. A.
2.
1, 2 (sourdines)
pp
ppp
3, 4 (sourdines)
pp
ppp
Hn
Hp 1
a 2
p
4
4
4
4
(a tempo)
Très retenu
Très lent et très retenu jusqu'à la fin
2
1st Violins
p
2
pp
2
ppp
Vln I
pp
p
pp
ppp
pp
p
pp
ppp
Vln II
pp
p
pp
ppp
pp
p
pp
ppp
Vla
pp
p
pp
ppp
pp
p
pp
ppp
Vc.
2
2
p
pp
ppp
Solo
pp
p
pp
ppp
Db.
p
pp
ppp

110
Fl.
Hn
1.
3.
2, 3
Antique Cymbals
Hp 1
Vln I
Vc.
Db.
pp
pp
pp
pp
pp
pp
ppp
p
pp
pp
pp
div.
pizz.
ppp
pizz.
ppp

6 Concerto for Double String Orchestra: movement I

Michael Tippett (1905–1998)

CD 1 track 6

Tippett writes at the head of the score: 'Unequal beats are always shown by the groupings and ligatures, which give the proper rhythms intended for that part at that time.'

* The sign ⌐ placed thus above a tie indicates that the tone is meant to be carried on to the second note which has an implied rhythmic accent, as opposed to bars 37 et simile where there is no rhythmic accent on the 5th quaver.

Beat 3
15
Vln I
Vln II
Vla
Vc.
Db.
f
cresc.
ff
ff
ff
ff
ff
ff
20
scherzando
tr
25
sf
sf
mp
pp sotto voce
pp sotto voce
sf
sf
scherzando
tr
mp
dolce cantabile
pizz.
sf
sf
sf
sf
sf
sf
sf
sf
pizz.
sf
sf

Vln I
Vln II
Vla
Vc.
Db.
30
dolce cantabile
mp
mp
mp
scherzando
p
mp
p
mp
p
mp
p
poco
arco
p
35
Beat 3
p
mp
mf cresc.
f
mp
cresc.
f
mf cresc.
f
p
poco
mf cresc.
f
p
tr scherzando
p poco a poco cresc.
f
p
poco a poco cresc.
f
p poco a poco cresc.
f

Vln I
Vln II
Vla
Vc.
Db.
40
45
50
f
f non troppo
f non troppo
f
f
f
f
f
f non troppo
f non troppo
p
p
p
p
arco
f
p
pizz.
arco
poco a
poco a
poco a
poco a

Vln I
Vln II
Vla
Vc.
Db.
55
Beat 3
poco   cresc.
ff
sf sf sf
poco   cresc.
ff
sf sf sf
poco a poco cresc.
ff
sf sf sf
poco   cresc.
ff
sf sf sf
ff
p cresc.
ff
poco   cresc.
ff
sf
p cresc.
ff
sf
poco a poco cresc.
ff
poco a poco cresc.
ff
60
65
p
p cresc.
ff
f
p poco a poco cresc.
ff
p
p cresc.
ff
pizz.
arco
poco a poco cresc.
ff
p
poco a poco cresc.
ff
f
p poco a poco cresc.
ff
f
p poco a poco cresc.
ff
p
p poco a poco cresc.
ff
ff
p poco a poco cresc.
ff
p
ff

Vln I
Vln II
Vla
Vc.
Db.
70
f
f
p subito poco a poco
(col Cello ad lib.)
f
f
f
p subito poco a poco
p subito poco a poco
75
mf poco a poco cresc.
cresc.
mf poco a poco cresc.
f
f
mf poco a poco cresc.
f
mf poco a poco cresc.
f
f
f
f
f
f
cresc. mf
cresc. mf
f

125

105
110
sul tasto
sul tasto
sul tasto
sul tasto
sul tasto poco a poco Naturale
sul tasto poco a poco Naturale
p cantando
p cantando
Vln I
Vln II
Vla
Vc.
Db.

Beat 3
140
145
Vln I
Vln II
Vla
Vc.
Db.
f cresc. ff
f cresc. ff
ff
ff
ff
f cresc. ff
f cresc. ff
f cresc. ff
ff
dim. p
sotto voce
dim. poco a poco
sotto voce
dim. poco a poco
ff marcato dim. poco a poco
ff
ff
dim.
dim. poco a poco
dim.
dim. poco a poco
ff marcato dim. poco a poco

150
155
160
Vln I
Vln II
Vla
Vc.
Db.
mp
p
mp
pp
mp
mf cresc.
f
mp poco a poco cresc.
f
pp
p
mp
mf cresc.
f
pp
poco
mf
f
pp
scherzando
tr
p
mp
p
pp
mp
p
mp
scherzando
tr
p poco a poco cresc.
f
pp
p
poco a poco cresc.
f
pp
p poco a poco cresc.
f

180
Vln I
Vln II
Vla
Vc.
Db.
poco a poco cresc.
ff
p
arco
Beat 3
185
sf sf sf
p cresc.
f
pizz. arco
poco a poco cresc.

Vln I
Vln II
Vla
Vc.
Db.
205
210 Beat 3

225
230
Vln I
Vln II
Vla
Vc.
Db.
f
ff cantando
ff cantando
ff cantando
ff cantando
ff
ff
ff
138

7 Pulcinella Suite: Sinfonia, Gavotta and Vivo

CD 1 tracks 7–9

5
Ob. 1
Ob. 2
Bsn 1
Bsn 2
Hn 1
Hn 2
solo
solo
tr
tr
tr
tr
tr
Vln I
Vln II
Vla
Vc.
Db
SOLO QUINTET
pp
pp
pp
p
p
Vln I
Vln II
Vla
Vc.
Db
ORCH.
p
p
140

Ob. 1
Ob. 2
Bsn 1
Bsn 2
Hn 1
Hn 2
Vln I
Vln II
Vla
Vc.
Db
Vln I
Vln II
Vla
Vc.
Db
10
solo
solo
solo
solo

Ob. 1
Ob. 2
Bsn 1
Bsn 2
Hn 1
Hn 2
Vln I
Vln II
Vla
Vc.
Db
SOLO QUINTET
Vln I
Vln II
Vla
Vc.
Db
ORCH.
15
tr
tr
tr
tr
tr
tr
tr
p subito
f
sf
sempre f
sempre f

Ob. 1
Ob. 2
Bsn 1
Bsn 2
Hn 1
Hn 2
Vln I
Vln II
Vla
Vc.
Db
20
tr
p cresc.
p cresc.
p cresc.
p
p
solo
f
f
f
f
f
f
f
f
f
f
molto
molto

25
Ob. 1
Ob. 2
Bsn 1
Bsn 2
Hn 1
Hn 2
SOLO QUINTET
Vln I
Vln II
Vla
Vc.
Db
ORCH.
Vln I
Vln II
Vla
Vc.
Db
solo
p
p
p
p
mf
p
p
144

30
Ob. 1
Ob. 2
Bsn 1
Bsn 2
Hn 1
Hn 2
Vln I
Vln II
Vla
Vc.
Db
p
f
ff
sub. meno f e leggiero
tr
145

35
Ob. 1
Ob. 2
Bsn 1
Bsn 2
Hn 1
solo
Hn 2
Vln I
Vln II
SOLO QUINTET
Vla
Vc.
Db
solo
Vln I
Vln II
ORCH.
Vla
Vc.
Db

Ob. 1
Ob. 2
Bsn 1
Bsn 2
Hn 1
Hn 2
SOLO QUINTET
Vln I
Vln II
Vla
Vc.
Db
ORCH.
Vln I
Vln II
Vla
Vc.
Db
solo
solo
mf
mf
mf
mf
mf
mf
f
f
f
f
f
f
f
f
f
f
f
f
p sub.
p sub.
p sub.
p sub.
p sub.
p sub.

148

VI GAVOTTA
con due variazioni
Allegro moderato ♩ = 50–56
5
OBOES
1
2
BASSOONS
1
2
HORNS in F
1.
10
solo
Fl. 1
mf
dolce
Fl. 2
mf
Ob. 1
pp
Ob. 2
pp
Bsn 1
pp
Bsn 2
dolcissimo
Hn 1
pp
Hn 2
p
15
Fl. 1
solo
Ob. 1
tr
dolce
Ob. 2
Bsn 1
dolcissimo
Hn 1
Hn 2
p

Fl. 1
Fl. 2
Ob. 1
Ob. 2
Bsn 1
Bsn 2
Hn 1
Hn 2
Tpt
Tbn.
20
mp
mp
25
Ob. 1
Ob. 2
Bsn 1
Bsn 2
Hn 1
Hn 2
5
solo
30
Fl. 1
dolce
9
Bsn 1
dolcissimo (accompagnando)

Variazione I

Ob. 1
Ob. 2
Bsn 1
Bsn 2
tr
55
tr
Ob. 1
Ob. 2
Bsn 1
Bsn 2
60
attacca
Variazione II
Allegro più tosto moderato ♩ = 88
solo cantabile
65
Fl. 1
Bsn 1
Bsn 2
Hn 1
accompagnando
1st time only
5
solo
cantabile
70
Fl. 1
Bsn 1
Bsn 2
Hn 1
5
accompagnando
152

Fl. 1
Fl. 2
Bsn 1
Bsn 2
Ob. 1
Hn 1
75
80
1.
2.
dolcissimo
153

VII VIVO
Vivo ♩ = 132–138
HORN 1 in F
HORN 2 in F
TRUMPET
TROMBONE
Vivo ♩ = 132–138
VIOLIN I
VIOLIN II
SOLO QUINTET
VIOLA
VIOLONCELLO
DOUBLE BASS
ORCHESTRA
VIOLIN I
VIOLIN II
VIOLA
VIOLONCELLO
DOUBLE BASS
sff
sff
ff
sff
sff
fff marcatiss.
fff marcatiss.
ff marcatiss.
ff marcatiss.
gliss.
solo
2nd time only
2nd time only
2nd time only
ff
solo
sff
sff
sff
fff
2nd time only
2nd time only
2nd time only
ff
sff
sff
ff
sff
sff
sub. p
sff
sff
5

Hn 1
Hn 2
Tpt
Tbn.
Vc.
Db
SOLO
QUINTET
Vc.
Db
ORCH.
du talon
du talon
du talon
dim.
p
p
p
10
15
Tbn.
Vc.
Db
SOLO
QUINTET
Vln I
Vln II
Vla
ORCH.
Vc.
Db
20
1.
2.
f
gliss.
f
sub. ff
sub. p
ff
gliss.
ff
ff
mf
sf
con Vln I solo
ff
con Vln II solo
ff
con Vla solo
ff
sub. ff
sub. p
ff
mf
sf
sub. ff
sub. p
ff
mf
sf

155

Fl. 1
Fl. 2
Ob. 1
Ob. 2
Bsn 1
Bsn 2
Hn 1
Hn 2
Tpt
Tbn.
Vc.
SOLO QUINTET
Db
Vc.
ORCH.
Db
25
30
ff
f
gliss.
du talon
très forte et en dehors
8va

Fl. 1
Fl. 2
Tpt
Tbn.
Vc.
Db
Tpt
Tbn.
Vc.
Db
SOLO QUINTET
ORCH.
8va
sempre ff
sempre ff
40
sempre sff
très forte (détaché)
sempre sff
sempre sff
45
f
staccatiss. e secco
p
dolce
staccatiss. e secco
p
staccatiss. e secco
p

50
Tbn.
Vc.
SOLO QUINTET
Db
Vc.
ORCH.
Db
solo
ff
sff
sff
55
du talon
p
mf
f
60
p
sub. ff
p
sub. ff
sub. ff
65
gliss.
gliss.
poco meno f
ff risoluto, energico
sub. p
sff
sff
ff risoluto, energico
sub. p
sff
sff
sub. p
sff
sff

8 Quartet Op. 22: movement I

Anton Webern (1883–1945)

CD 1 track 10

rit. a tempo
pizz. arco Dpf. ab
arco
pizz. arco
pizz. arco
Dämpfer auf
pizz. arco pizz.
rit.

30
p
p
p
pp
p
p
35
fp
fp
pp
p
pp
fp
1
2
40
calando
a tempo
rit. _ _ _ _ _ a tempo
pizz.
pp
pp
p
fp
pp
fp
pp

9 String Quartet No. 8, Op. 110: movement I

CD 1 track 11

35
40
45
Poco rit.
50 A tempo
p
pp
poco espress.
pp
pp
pp
p
pp
55
60
pp
pp
65
70
pp
pp
pp sempre
pp sempre

75
80
cresc. ed espress.
mf dim.
cresc. ed espress.
mf dim.
cresc. ed espress.
mf dim.
cresc. ed espress.
mf dim.
85
90
p dim.
pp
p dim.
pp
p dim.
pp
p dim.
pp
p espress.
Poco rit.
A tempo
95
cresc.
dim.
pp
cresc.
dim.
pp
cresc.
dim.
pp
cresc.
dim.
pp
100
105
pp
sfp
pp
pp
pp

10 Sonatas and Interludes for Prepared Piano: Sonatas I–III   John Cage (1912–1992)
CD 1 tracks 12–14

The composer heads the score with these instructions as to how to 'prepare' the piano:

The two **TONE** columns (left staff, right note-names) bracket the chart; reading across each line gives that tone's preparation(s). `*` = **MEASURE FROM BRIDGE.** (staff brackets at left: **16va**, **8va**; lowest staves marked **8va bassa**, **16va bassa**).

TONE	MATERIAL	STRINGS (L→R)	DISTANCE FROM DAMPER (in.)	MATERIAL	STRINGS (L→R)	DISTANCE	MATERIAL	STRINGS (L→R)	DISTANCE
A				SCREW	2-3	1⅛*			
G				MED. BOLT	2-3	1⅜*			
F#				SCREW	2-3	1⅝*			
E				SCREW	2-3	1 13/16*			
E♭				SCREW	2-3	1¾*			
D				SM. BOLT	2-3	2*			
C#				SCREW	2-3	1 11/16*			
C				FURNITURE BOLT	2-3	2 3/16*			
B				SCREW	2-3	2½*			
B♭				SCREW	2-3	1⅞*			
A				MED. BOLT	2-3	2⅞*			
A♭				SCREW	2-3	2¼*			
G				SCREW	2-3	3¾*			
F#				SCREW	2-3	2 5/16*			
F	SCREW	1-2	¾*	FURN. BOLT + 2 NUTS	2-3	2⅛*	SCREW + 2 NUTS	2-3	3¼*
E	(DAMPER TO BRIDGE = 4 7/16"; ADJUST ACCORDINGLY)			SCREW	2-3	1 15/16*			
E♭				FURNITURE BOLT	2-3	1⅞			
D				SCREW	2-3	1 15/16			
C#				SCREW	2-3	1 1/16			
C				MED. BOLT	2-3	3¾			
B				SCREW	2-3	4 7/16			
A	RUBBER	1-2-3	4½	FURNITURE BOLT	2-3	1¼			
A♭				SCREW	2-3	1¾			
G	RUBBER	1-2-3	5¾	SCREW	2-3	2 5/16			
F#	RUBBER	1-2-3	6½	FURN. BOLT + NUT	2-3	6⅞			
F	RUBBER	1-2-3	3⅝	FURNITURE BOLT	2-3	2 9/16			
E				BOLT	2-3	7⅛			
E♭				BOLT	2-3	2			
B♭	SCREW	1-2	10	SCREW	2-3	1	RUBBER	1-2-3	8¼
G#	(PLASTIC (see G))	1-2-3	2 5/16				RUBBER	1-2-3	4½
G	PLASTIC (over 1-under 2-3)	1-2-3	2⅞				RUBBER	1-2-3	10⅛
D#	(PLASTIC (see D))	1-2-3	4¼				RUBBER	1-2-3	5 7/16
D	PLASTIC (over 1-under 2-3)	1-2-3	4⅛				RUBBER	1-2-3	9¾
D♭	BOLT	1-2	15½	BOLT	2-3	11/16	RUBBER	1-2-3	14⅛
C	BOLT	1-2	14½	BOLT	2-3	⅞	RUBBER	1-2-3	6½
B	BOLT	1-2	14¾	BOLT	2-3	9/16	RUBBER	1-2-3	14
B♭	RUBBER	1-2-3	9½	MED. BOLT	2-3	10⅛			
A	SCREW	1-2	5⅞	LG. BOLT	2-3	5⅞	SCREW + NUTS	1-2	1
A♭	BOLT	1-2	7⅛	MED. BOLT	2-3	2¼	RUBBER	1-2-3	4⅛
G	LONG BOLT	1-2	8¾	LG. BOLT	2-3	3¼			
D				BOLT	2-3	11/16			
D (8va bassa)	SCREW + RUBBER	1-2	4 7/16						
D (16va bassa)	ERASER (over D under C#+E♭)	1	6¾						

AM. PENCIL CO. #346

*MEASURE FROM BRIDGE.

SONATA I

Accidentals in these pieces apply only to the note they directly precede.

(loco)
15
loco
ff
f
pp
20
mf
25
p
p
fz
f
30
p
9
35
pp
tr
f
7
7
(loco)
169

SONATA III

Più Mosso
Rit.
Tempo
Ritard.
Tempo
Ritard.
Meno Mosso
legatissimo

11 Sequenza III for female voice

Luciano Berio (b. 1925)

CD 1 track 15

Composer's Note

The performer (a singer, an actor or both) appears on stage already muttering as though pursuing an off-stage thought. She stops muttering when the applause of the public is subsiding; she resumes after a short silence (at about the 11″ of the score). The vocal actions must be timed with reference to the 10″ divisions of each page.

● = sung tones

○ = whispered, unvoiced sounds

} to be held to next sound or to ⌐, ⌐

♦, φ = sung and whispered sounds as short as possible

▯▯▯▯ , ▯▯▯▯ , ▯▯▯▯ , ▦▦▦▦ = different speeds of periodically articulated sounds

▦▦▦▦ = can be performed as fast as possible

▦▦▦▦ = as fused and continuous as possible

⫪ , ⫪⫪ etc. = all grace notes as fast as possible

Although the borderline between **speaking** and **singing** voice will often be blurred in actual performance, the vocal actions written on one line (a) are 'spoken' while those written on three or five lines are 'sung'. On three lines, only relative register positions are given (b); dotted lines connect notes of exactly the same pitch (c). On five lines (d) precise intervals are given, but their pitch is not absolute: each sequence of intervals (between 'spoken' sections) can be transposed to fit the vocal range of the performer; dotted lines indicate that the change of vocal colors on the same pitch must occur smoothly and without accents (e).

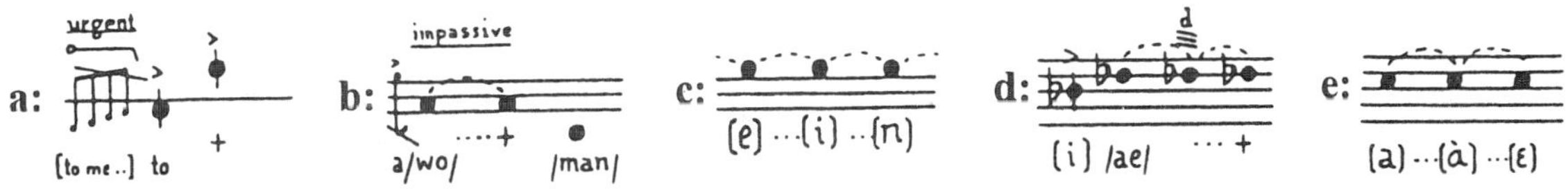

a: [to me..] to   b: a/wo/ /man/   c: [e] ...[i] ...[n]   d: [i] /ae/   e: [a] ...[à] ...[ε]

= intonation contour

The text is written in different ways:

(1) Sounds or groups of sounds phonetically notated:
   [a], [ka], [u], [i], [o], [ø], [ait], [be], [e], [ε], etc.

(2) Sounds or groups of sounds as pronounced in context:
   /gi/ as in /give/, /wo/ as in woman, /tho/ as in without, /co/ as in comes, etc.

(3) Words conventionally written and uttered:
   'give me a few words', etc.

Sounds and words lined up in parenthesis as $\left(\!/\!{}^{a}_{tru}_{me}\!/\right)$ must be repeated quickly in a random and slightly discontinuous way.

Groups of sounds and words in parenthesis as (to me...), (be/lo/...), (/co//ta/...), etc. must be repeated quickly in a regular way. At 15″ of the score, for instance, (to me...) to is equivalent to to me to me to; at 30″ ([e] [a]...) [a] is equivalent to [e] [a] [e] [a] [e] [a]; at 1′ the group (ta/[ka] be...) must be repeated as many times as possible for about 2″.

ʟ.	Laughter must always be clearly articulated on a wide register.
[ʔ]	= burst of laughter to be used with any vowel freely chosen
⏚	= mouth clicks
⌁	= cough
⊔	= snapping fingers gently
+	= with mouth closed
o, o⌐	= breathy tone, almost whispered
←o-	= breathing in, gasping
≋	= tremolo
d̠≋	= dental tremolo (or jaw quivering)
~ʎ	= trilling the tongue against the upper lip (action concealed by one hand)
+++≋	= tapping very rapidly with one hand (or fingers) against the mouth (action concealed by other hand)
(hm)	= hand (or hands) over mouth
(hm)ʊ̈	= moving hand cupped over mouth to affect sound (like a mute)
(hd)	= hands down

Hand, facial and bodily gestures besides those specified in the score are to be employed at the discretion of the performer according to the indicated patterns of emotions and vocal behavior (**tense, urgent, distant, dreamy**, etc.). The performer, however, must not try to represent or pantomime tension, urgency, distance or dreaminess but must let these cues act as a spontaneous conditioning factor to her vocal action (mainly the colour, stress and intonation aspects) and body attitudes. The processes involved in this conditioning are not assumed to be conventionalized; they must be experimented with by the performer herself according to her own emotional code, her vocal flexibility and her 'dramaturgy'.

Text by Markus Kutter:

give me	a few words	for a woman
to sing	a truth	allowing us
to build a house	without worrying	before night comes

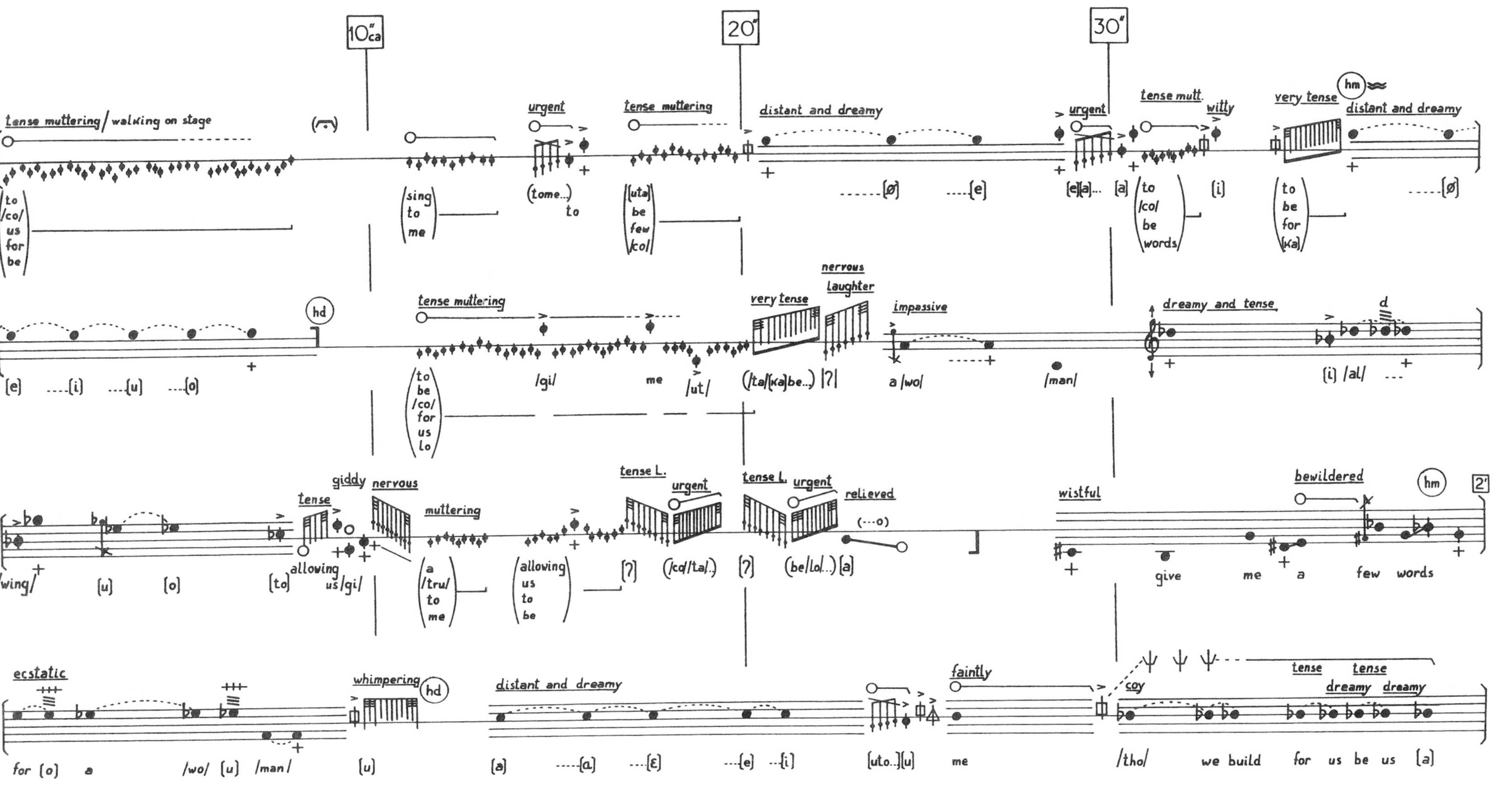
10"ca
20"
30"
2'
tense muttering / walking on stage
(⌢)
urgent
tense muttering
distant and dreamy
urgent
tense mutt. witty
very tense
hm
distant and dreamy
to /co/ us for be
sing to me
(tome...) to
[utə] be few /col
..... [ø]   .....[e]
[e][a]... [a] to /col be words
[i]
to be for /ka/
..... [ø]
hd
tense muttering
very tense
nervous laughter
impassive
dreamy and tense
d
[e] ....[i] ...[u] ....[o]
to be /co/ for us Lo
/gi/   me /ut/
(/tə[[kə]be...) /?/
a /wo/
/man/
[i] /al/ ...
tense
giddy nervous
muttering
tense L. urgent
tense L. urgent
relieved
wistful
bewildered
hm
2'
/wing/   [u]   [o]   [to] allowing us /gi/
(a /tru/ to me)
(allowing us to be)
[?] (/kɑ/tal..) [?] (be/Lol...) [a]
(---o)
give me a few words
ecstatic
whimpering
hd
distant and dreamy
faintly
coy
tense tense
dreamy dreamy
for [o] a /wo/ [u] /man/
[u]
[a] -----[a] ---[ɛ] ---[e] --[i]
[uto..][u] me
/tho/ we build for us be us [a]
173

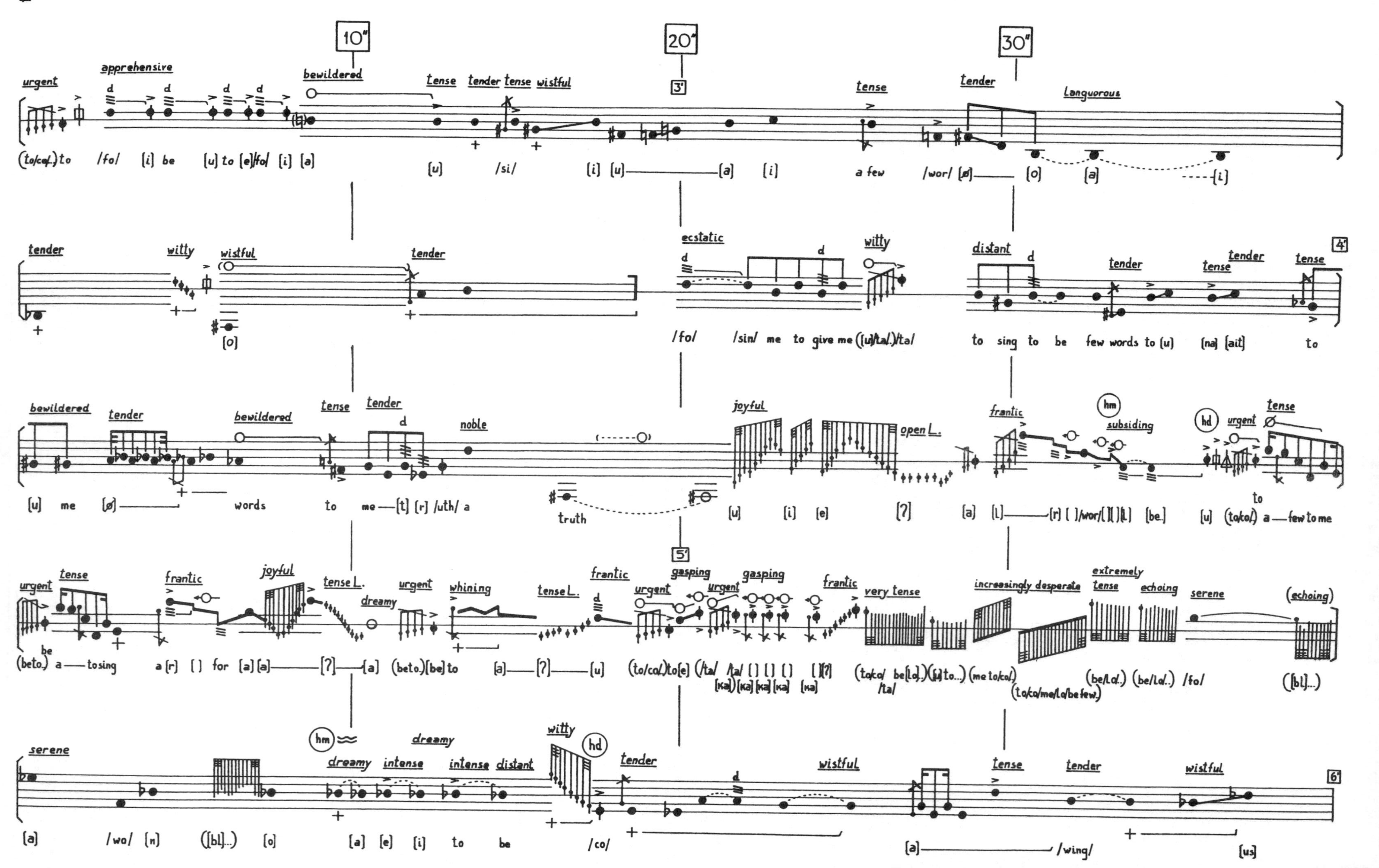

174

urgent
apprehensive
bewildered
tense tender tense wistful
tense
tender
Languorous
10"
20"
3'
30"
(to/co/.)to /fo/ [i] be [u] to [e]/fo/ [i] [a]
[u] /si/ [i] [u]———[a] [i]
a few /wor/ [ø]——— [o] [a] ———[i]

tender
witty
wistful
tender
ecstatic d
witty
distant d
tender
tense
tender
tense
4'
[o]
/fo/ /sin/ me to give me ((u)/ta/.)/ta/
to sing to be few words to (u) [na] [ait] to

bewildered
tender
bewildered
tense
tender d
noble
joyful
open L.
frantic
hm subsiding
hd urgent
tense
[u] me [ø]——— words to me —[t] [r] /uth/ a
truth
[u] [i] [e] [?] [a] [l]———[r] [ ]/wor/[][][] [be.] [u] (to/co/.) a —few to me

urgent tense
frantic
joyful
tense L.
dreamy
urgent
whining
tense L.
d
frantic
urgent
gasping
urgent
gasping
frantic
very tense
increasingly desperate
extremely tense
echoing
serene
(echoing)
5'
be
(beto.) a — tosing
a [r] [ ] for [a] [a] [?]——[a] (beto.)[be] to [a]——[?]——[u] (to/co/.)to[e] (/ta/ /ta/ [ ] [ ] [ ] [ ][?]
[ka][ka][ka][ka] [ka]
(to/co/ be[la/.)([u]to...)(me to/co/) (be/la/.) (be/la/..) /fo/
/ta/
(to/co/me/la/be few.)
([b].]...)

serene
hm
dreamy
witty hd
dreamy intense
intense distant
tender
d
wistful
tense
tender
wistful
6'
[a] /wo/ [n] ([b].]..) [o] [a] [e] [i] to be /co/ [a]——————/winq/ [uz]

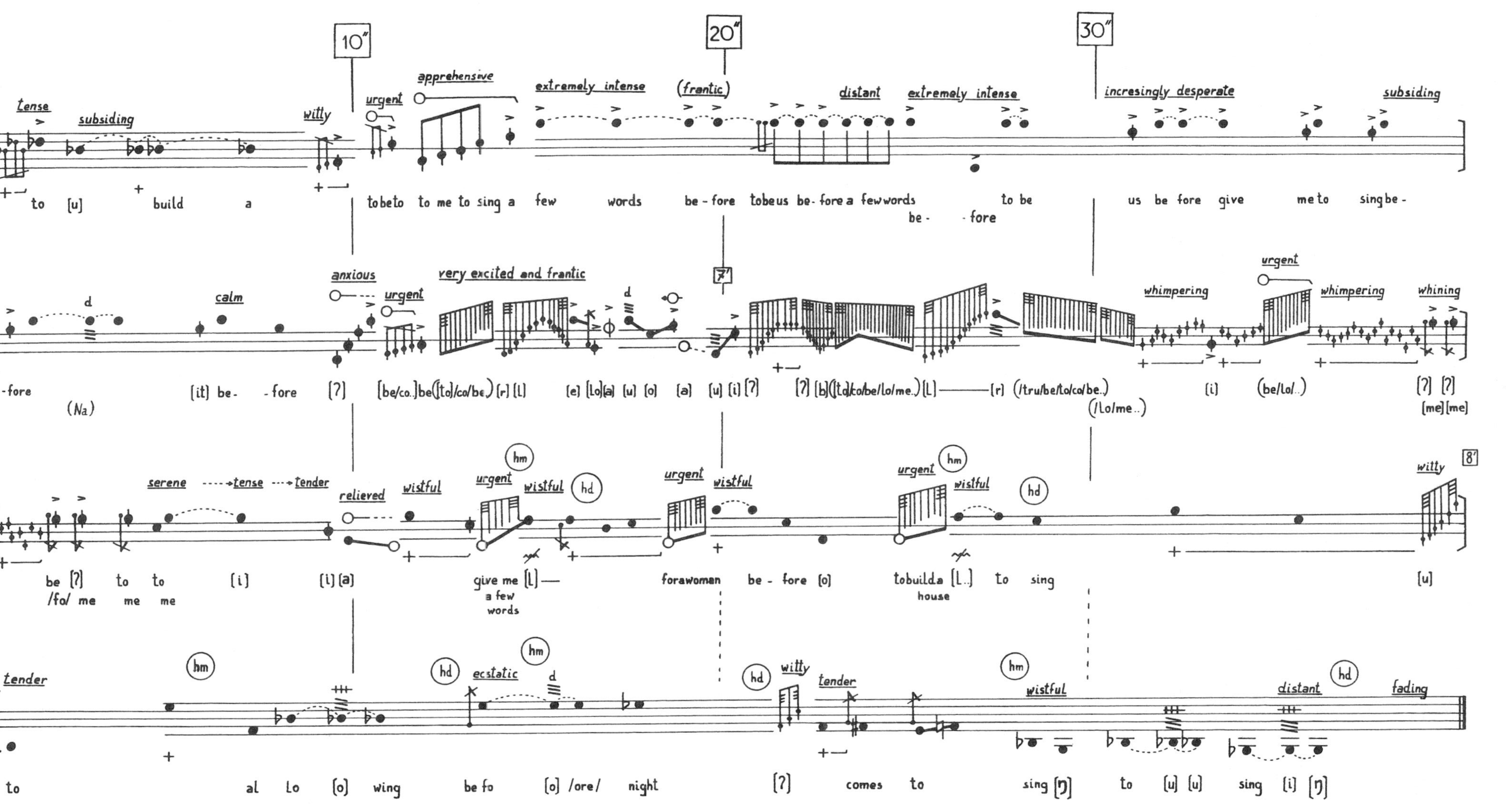

10" 20" 30"
tense subsiding witty urgent apprehensive extremely intense (frantic) distant extremely intense increasingly desperate subsiding
to [u] build a to be to to me to sing a few words be - fore to be us be - fore a few words to be us be fore give me to sing be -
be - - fore
anxious very excited and frantic urgent whimpering whimpering whining
d calm urgent d
- fore [it] be - - fore [?] [be/co..]be([to]/ca/be.)[r][L] [e] [Lo|a][u][o] [a] [u][i][?] [?][b]([ta]/ca/be/Lo/me..)[L] [r] (/tru/be/to/ca/be..) [i] (be/lo/..) [?][?]
(Na) (/Lo/me..) [me][me]
hm hm witty 8'
serene tense tender relieved wistful urgent wistful hd urgent wistful urgent wistful hd
be [?] to to [i] [i][a] give me [L] for a woman be - fore [o] to build a [L..] to sing [u]
/fa/ me me me a few house
words
hm hm hm hd
tender hd ecstatic d hd witty tender wistful distant hd fading
to al lo [o] wing be fo [o] /ore/ night [?] comes to sing [ŋ] to [u][u] sing [i] [ŋ]

12 New York Counterpoint: movement II

Steve Reich (b. 1936)

CD 1 track 16

The soloist pre-records eight clarinet and two bass clarinet
parts and then plays a final 11th part live against the tape.

Live Cl.
Cl. 1
Cl. 2
Cl. 4
Cl. 5
Cl. 7
Cl. 8
10
fade
out
fade in
mp
fade in
mp
fade in
mp
mp
fade
out
fade
out
15
(x2)
mf
(x2)
(x2)
(x2)
(x2)
(x2)
mf
Live Cl.
Cl. 1
Cl. 2
Cl. 4
Cl. 5
Cl. 6

Live Cl.
Cl. 1
Cl. 2
Cl. 4
Cl. 5
Cl. 6
mf
mf
20
(x2)
fade   out
(x2)
(x2)
(x2)
fade in   mf
(x2)
(x2)
(x2)
mf
178

25
Live Cl.
fade in
f
Cl. 1
Cl. 2
Cl. 3
Cl. 4
Cl. 5
Cl. 6
Cl. 7
fade in
Cl. 8
fade in
B. Cl. 9
fade in
B. Cl. 10
fade in

Live Cl.
Cl. 1
Cl. 2
Cl. 3
Cl. 4
Cl. 5
Cl. 6
Cl. 7
Cl. 8
B. Cl. 9
B. Cl. 10
30
fade
f
f
f
f
fade out
fade out
fade out
fade out

Live Cl.
Cl. 1
Cl. 2
Cl. 3
Cl. 4
Cl. 5
Cl. 6
Cl. 7
Cl. 8
B. Cl. 9
B. Cl. 10
35
out
fade in
fade in
fade in
fade in
fade in
f
f
f
f
f

40
Live Cl.
f
Cl. 1
Cl. 2
Cl. 3
Cl. 4
Cl. 5
Cl. 6
Cl. 7
fade
out
fade in
Cl. 8
fade
out
fade in
B. Cl. 9
fade
out
fade in
B. Cl. 10
fade
out
fade in

Live Cl.
Cl. 1
Cl. 2
Cl. 3
Cl. 4
Cl. 5
Cl. 6
Cl. 7
Cl. 8
B. Cl. 9
B. Cl. 10
fade
out
f
fade
f
fade
f
fade
f
fade

45
Live Cl.
fade in
mf
f
Cl. 1
Cl. 2
Cl. 3
Cl. 4
Cl. 5
Cl. 6
Cl. 7
out
fade in
Cl. 8
out
fade in
B. Cl. 9
out
fade in
B. Cl. 10
out
fade in

Live Cl.
f
fade
50
Cl. 1
Cl. 2
Cl. 3
Cl. 4
Cl. 5
Cl. 6
Cl. 7
f
fade
out
Cl. 8
f
fade
out
B. Cl. 9
f
fade
out
B. Cl. 10
f
fade
out

Live Cl.
Cl. 1
Cl. 2
Cl. 3
Cl. 4
Cl. 5
Cl. 6
Cl. 7
Cl. 8
B. Cl. 9
B. Cl. 10
55
out
fade in
f
fade in
f
fade in
f
fade in
f

60
Live Cl.
fade in
f
Cl. 1
Cl. 2
Cl. 3
Cl. 4
Cl. 5
Cl. 6
Cl. 7
fade
out
fade in
Cl. 8
fade
out
fade in
B. Cl. 9
fade
out
fade in
B. Cl. 10
fade
out
fade in

Live Cl.
f
fade
Cl. 1
Cl. 2
Cl. 3
Cl. 4
Cl. 5
Cl. 6
Cl. 7
f
fade
Cl. 8
f
fade
B. Cl. 9
f
fade
B. Cl. 10
f
fade

65
Live Cl.
Cl. 1
Cl. 2
Cl. 3
Cl. 4
Cl. 5
Cl. 6
Cl. 7
Cl. 8
B. Cl. 9
B. Cl. 10
out
out
out
out
out

70
Live Cl.
Cl. 1
Cl. 2
fade out
Cl. 3
fade out
Cl. 4
Cl. 5
fade out
Cl. 6
fade out
Cl. 7
Cl. 8
B. Cl. 9
B. Cl. 10

13 Pavane 'The image of melancholy' and Galliard 'Ecce quam bonum'

Anthony Holborne (?–1602)

CD 2 tracks 1–2

The original title page of Holborne's collection reads: 'Pavans, galliards, almains and other short aeirs both grave, and light, in five parts, for viols, violins, or other musicall winde instruments'. A modern key signature has been inserted, and barlines and note-lengths regularised. More familiar modern clefs have been substituted for Holborne's originals. On the accompanying CD this pavane and galliard are performed on viols. The pitch is slightly lower than modern concert pitch.

PADUANA : The image of melancholy

GALLIARD : Ecce quam bonum

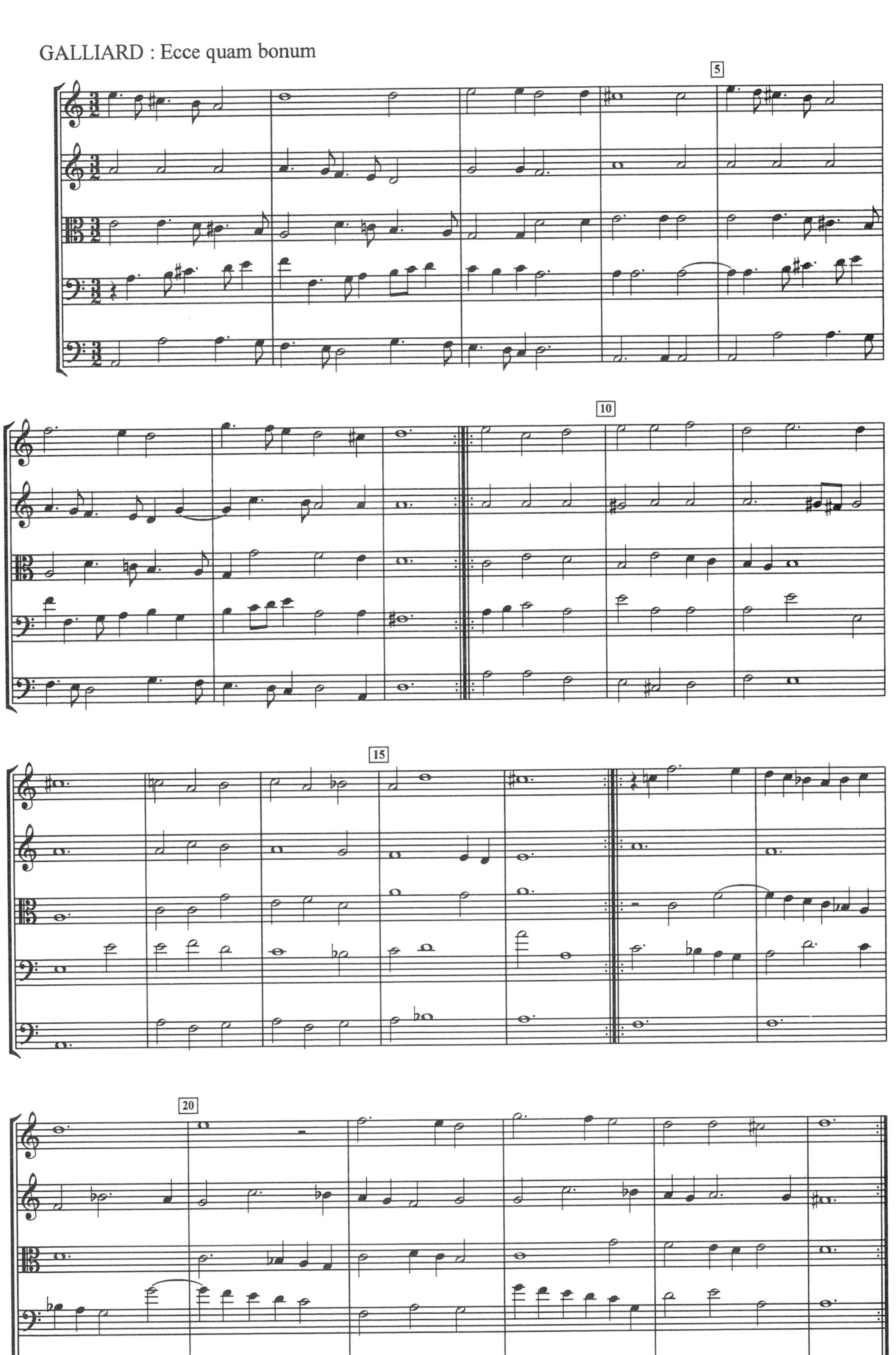

14 Sonata pian' e forte

CD 2 track 3

Giovanni Gabrieli (*c.*1555–1612)

Time signatures have been inserted. The 'violin' in Gabrieli's score was lower pitched than the modern violin, closer to a viola in range. The performers on the accompanying CD add ornaments at various points.

15
20
pian
pian
pian
pian
25
forte
forte
forte
forte
forte
forte
forte
forte

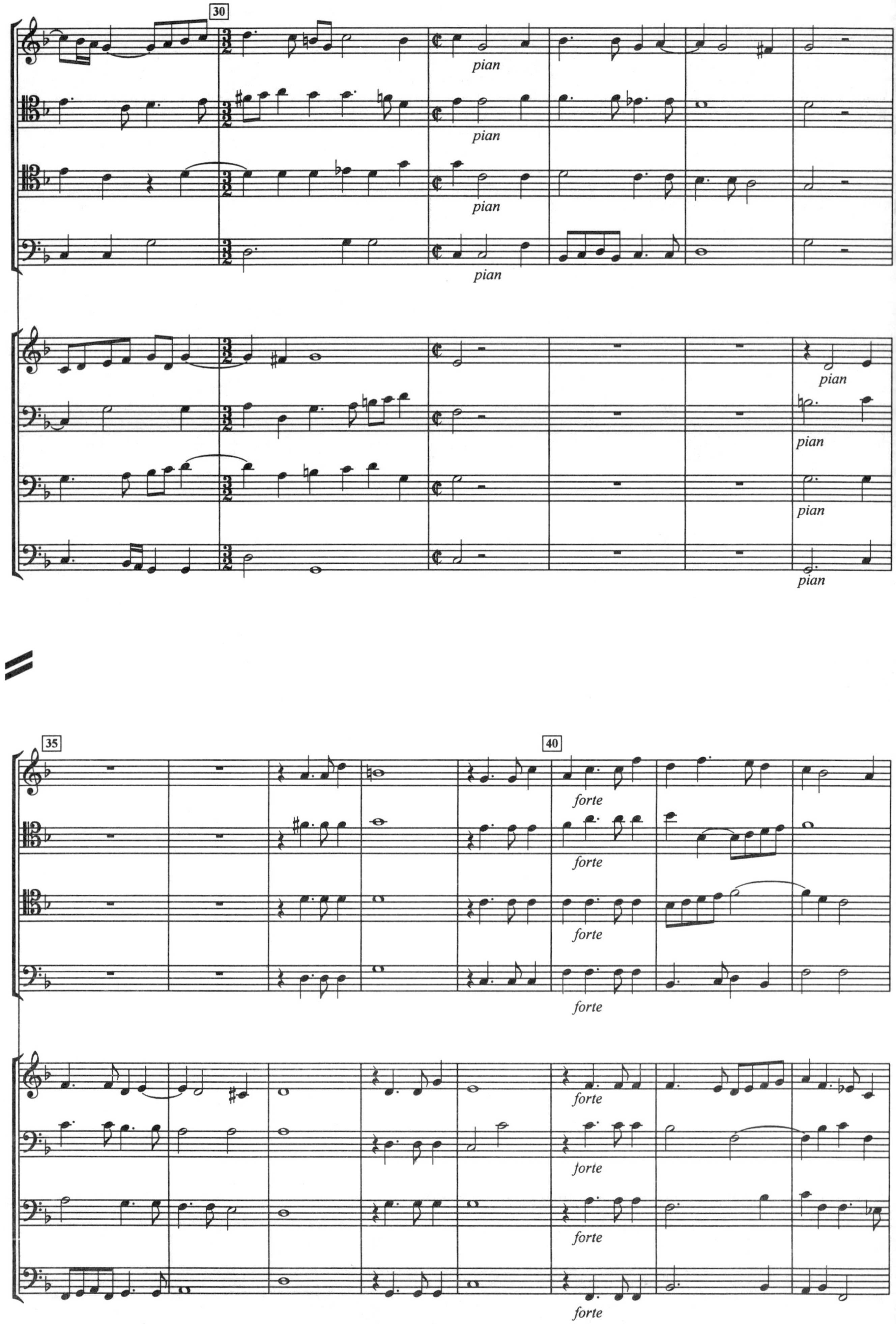

pian
pian
pian
pian
pian
pian
pian
pian
forte
forte
forte
forte
forte
forte
forte

45
pian
pian
pian
pian
pian
pian
pian
pian
50
55
forte
forte
forte
forte
pian
pian
pian
pian
forte
forte
forte
forte
pian
pian
pian
pian

60
forte
forte
forte
forte
pian
pian
pian
pian
forte
forte
forte
forte
forte
forte
pian
pian
pian
forte
forte
forte
65
forte
forte
forte
forte
forte
forte
forte
forte

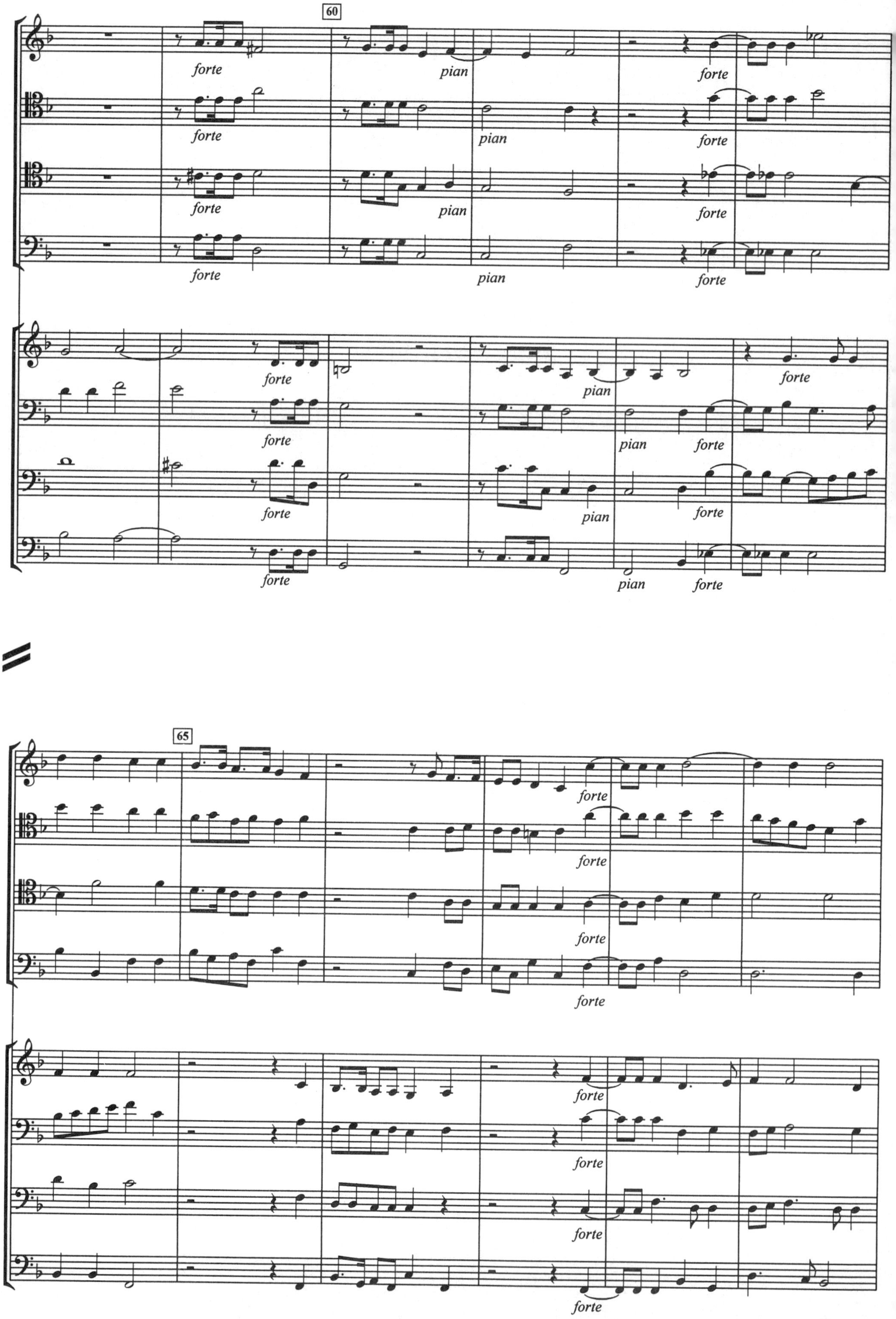

pian
forte
pian
forte
pian
forte
pian
forte
pian
forte
pian
forte
pian
forte
pian
forte

15 Trio Sonata in D, Op. 3 No. 2: movement IV

Arcangelo Corelli (1653–1713)

CD 2 track 4

201

16 String Quartet in E♭, Op. 33 No. 2, 'The Joke': movement IV

Joseph Haydn (1732–1809)

CD 2 track 5

100
105
f
p
f
p
f
p
f
110
115
f
f
120
staccato
125
stacc. sempre
130
p
p
p
p

17 Septet in E♭, Op. 20: movement I

Ludwig van Beethoven (1770–1827)

CD 2 track 6

fp
cresc.
fp
3
cresc.
6
fp
fp
cresc.
fp
3
cresc.
6
fp
fp
cresc.
fp
3
cresc.
6
fp
cresc.
fp
cresc.
fp
cresc.
6
fp
fp
3
fp
3
fp
fp
fp
fp
fp
15
cresc.
f
sf
f
sf
f
sf
tr
pp
cresc.
f
sf
pp
cresc.
6
f
6
sf
pp
p
cresc.
6
f
6
sf
p
cresc.
6
f
6
sf

Allegro con brio
20
25 
p
p
p
p
209

30
fp
fp
fp
p
fp
fp
fp
p
fp
fp
fp
fp
fp
fp
fp
fp
fp
fp
35
40
cresc.
f
cresc.
f
cresc.
f
cresc.
sf
cresc.
f
cresc.
f
cresc.
f

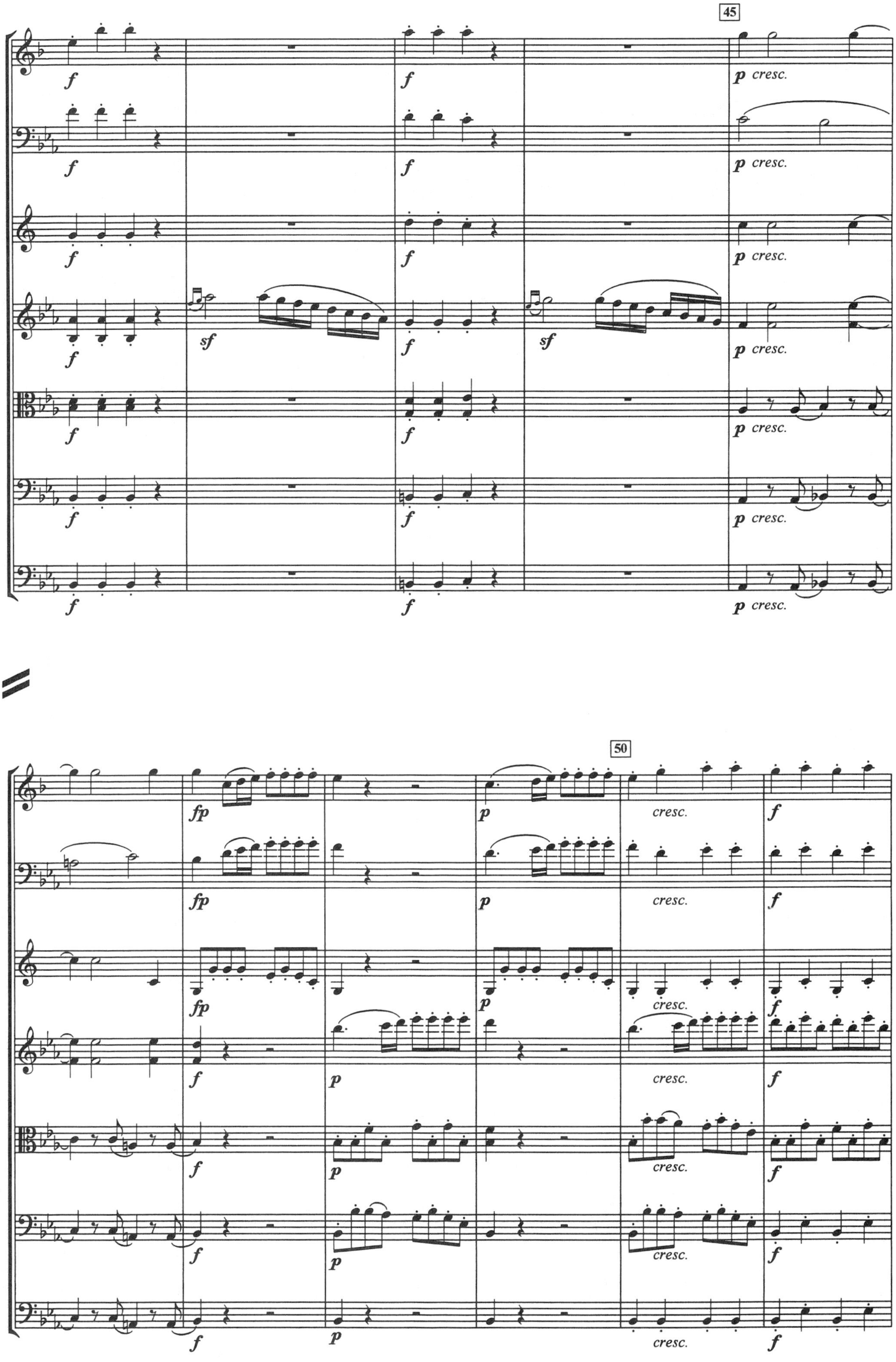
45
f
p cresc.
sf
50
fp
p
cresc.

65
70
75
p
p
p
p
p
p
p
p
p
p
p
3
3

80
pp
pp
pp
mf
fz
cresc.
cresc.
cresc.

85
tr
fp
fp
p
f
tr
fp
p
f
fp
p
f
tr
fp
p
fp
p

90
95
f
f
f
ff
ff
ff
p
decresc.
pp 
ff
f
p
decresc.
pp
ff
f
p
decresc.
pp
ff
f
ff
100
p
p
p
p
sf
sf
p
p
p
p
p
p

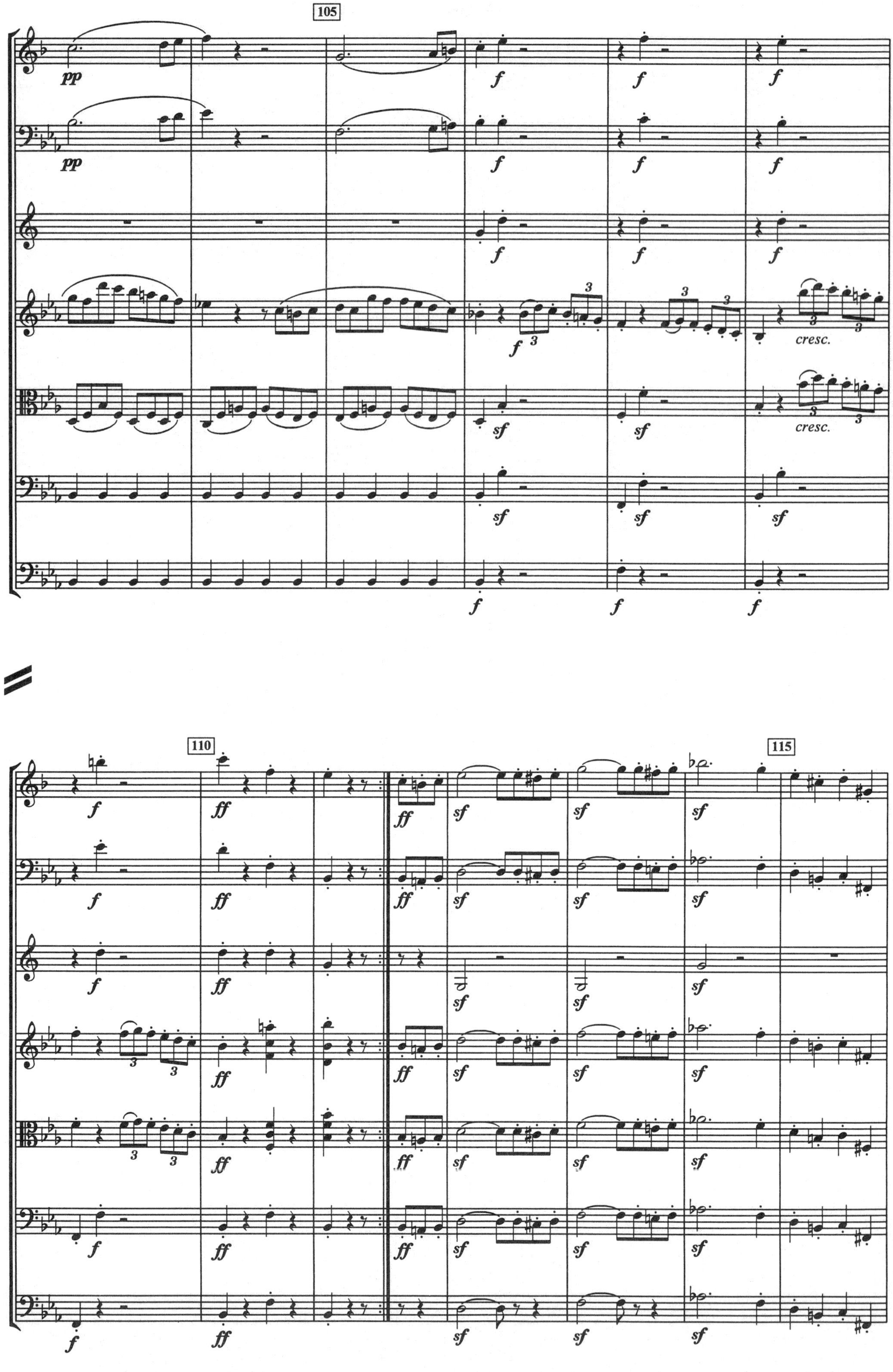

105
pp
f
cresc.
sf
110
ff
115

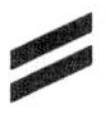

120
125
217

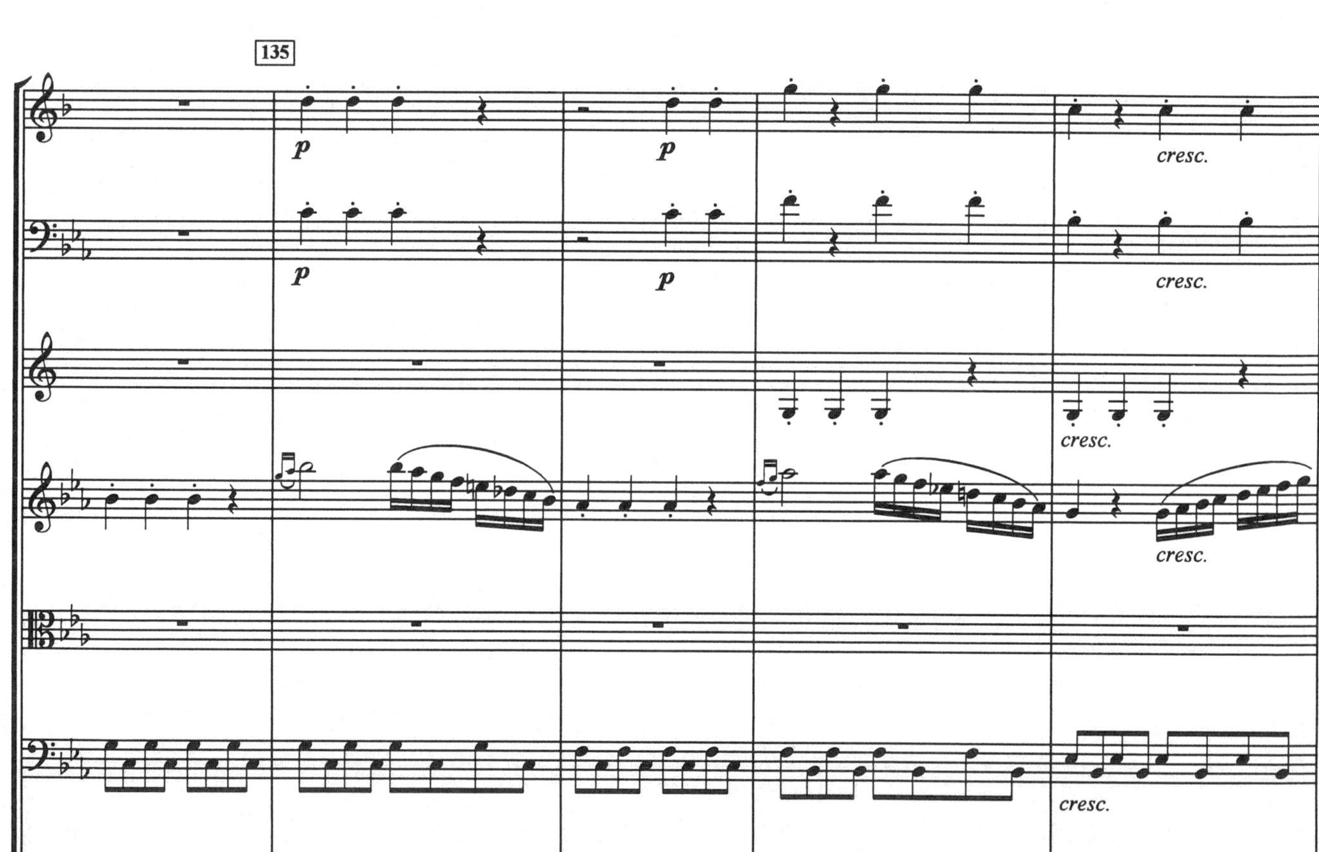

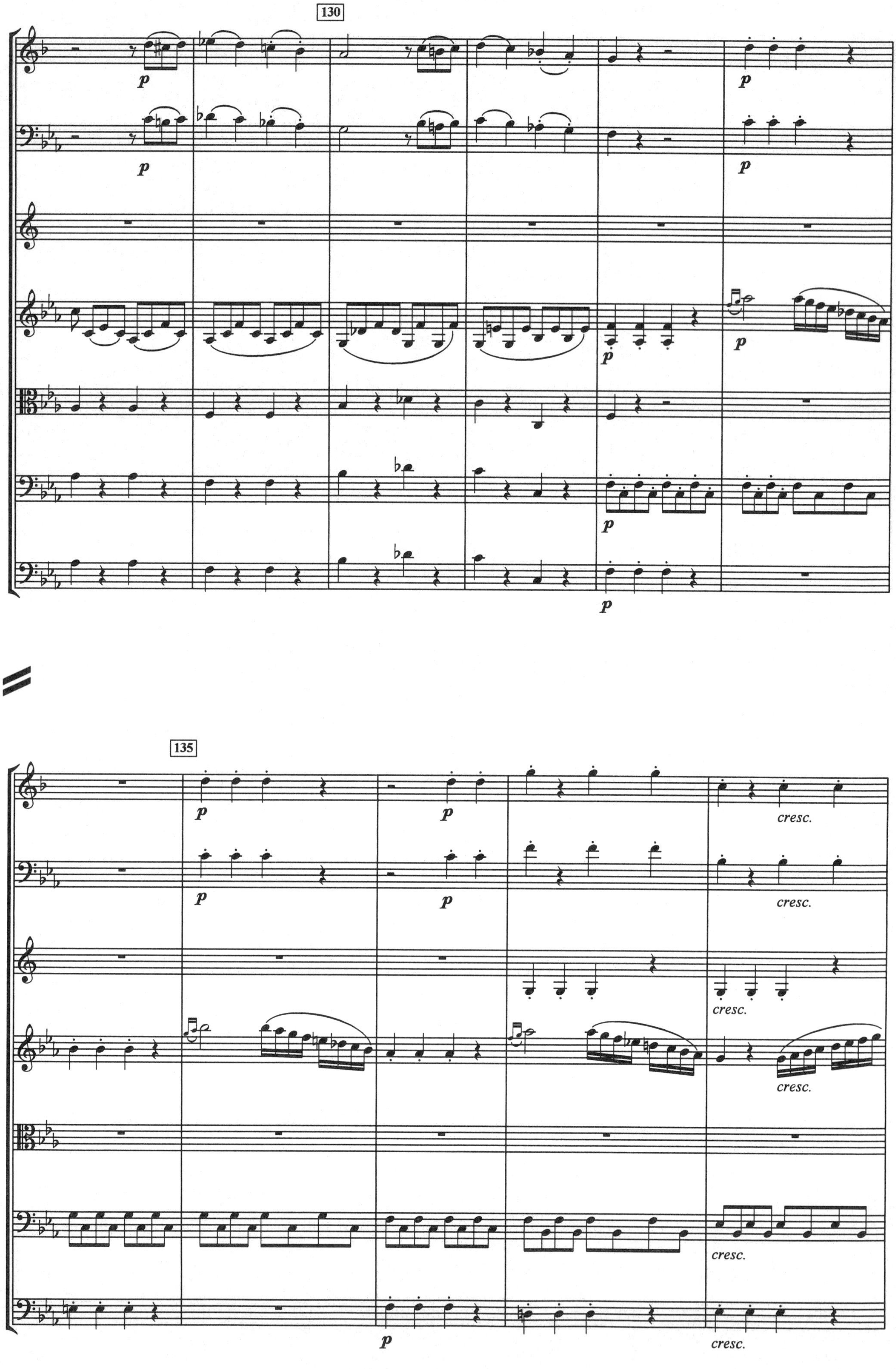

130
p
p
p
p
p
p
p
135
p
p
p
cresc.
cresc.
cresc.
cresc.
cresc.
p
cresc.

140
145
fp
fp
fp
f
p
fp
fp
fp
p
p
150
pp
cresc.
pp
cresc.
pp
cresc.
pp
cresc.
pp
cresc.
pp
cresc.
pp
cresc.

155
fp
f
160
220

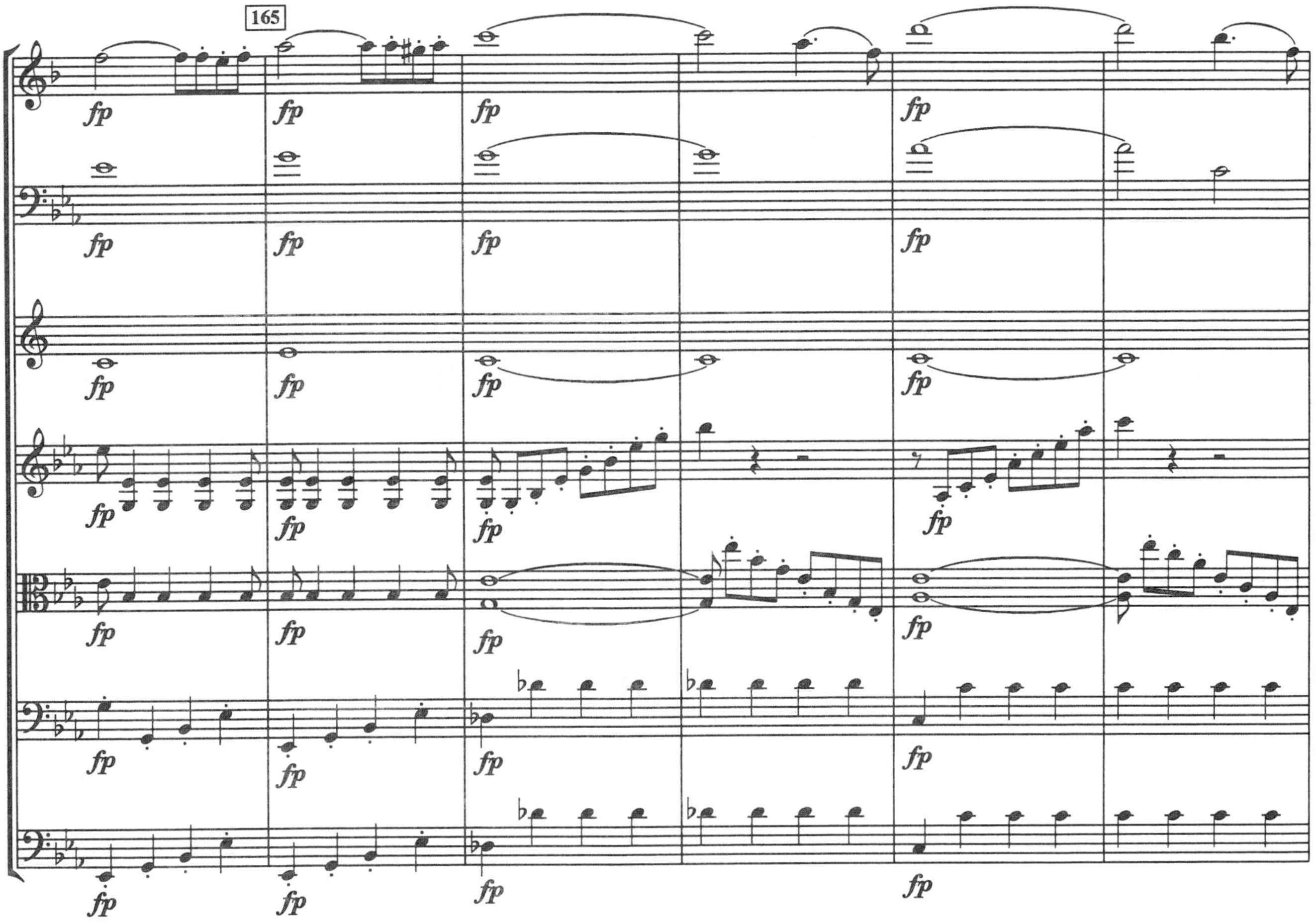
165
fp
fp
fp
fp
fp
fp
fp

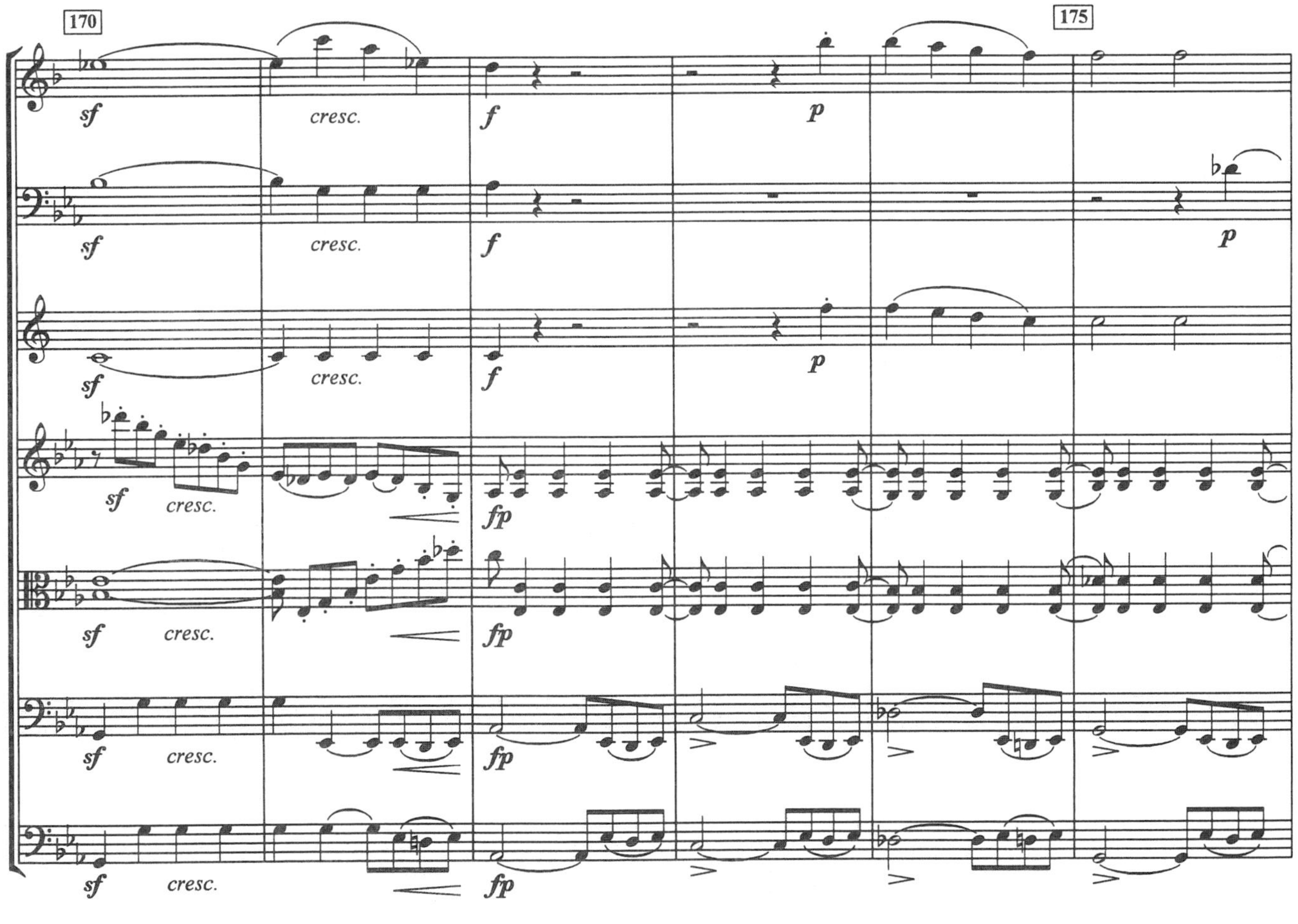
170
175
sf
cresc.
f
p
fp
cresc.

180
cresc.
cresc.
cresc.
cresc.
cresc.
cresc.
185
fp
p
cresc.
f
fp
p
cresc.
f
fp
p
cresc.
f
f
p
cresc.
f
p
f
p
cresc.
f
f
p
cresc.
f
f
p
cresc.
f

190
195
200
p
223

215
220
pp
pp
pp
cresc.
mf
fz
cresc.
f
cresc.
f
cresc.
f
fp
p
fp
sf
tr
p
tr
p
fp
tr
p
fp
fp

225
230
235
f
f
f
f
f
f
ff
ff
ff
ff
ff
p
p
p
p
p
p
decresc.
decresc.
decresc.
pp
pp
pp
p
p
p
pp
pp

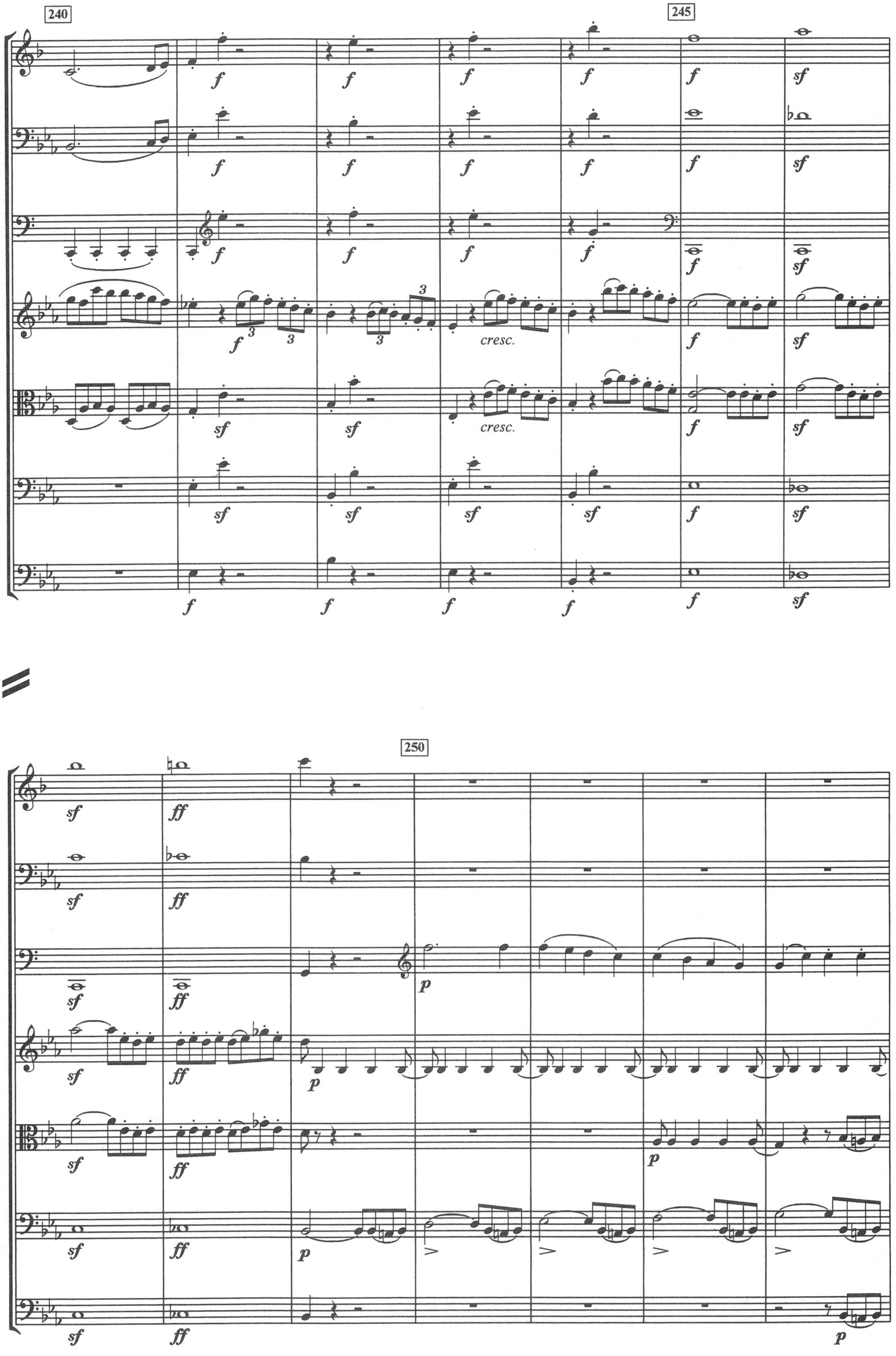
240
245
f
sf
3
cresc.
250
ff
p

270
f
f
f
sf
f
sf
f
p
f
p
p
p
p
p
p
275
cresc.
cresc.
cresc.
cresc.
cresc.
p
p
p
p
p
p
tr
229

280
cresc.
cresc.
cresc.
cresc.
sf
cresc.
sf
cresc.
285
sf
sf
f
ff
sf
sf
f
ff
sf
sf
f
ff
sf
sf
f
ff
sf
sf
f
ff
cresc.
f
ff

18 Piano Quintet in F minor, Op. 34: movement III

Johannes Brahms (1833–1897)

CD 2 track 7

80
pp
pp
sempre
molto pp
85
90
pp
p marcato
p marcato
pp
p
pp sempre
95
cresc.
cresc.
pp
pp
cresc.
pp
cresc.

170
175
180
185
ff
ff
ff
ff
(8)
(8)
ff
fz
fz
ff
238

190
fz
fz
fz
fz
Fine
Trio
195
200
mf
Trio
poco f
205
210
f
f
f
pizz.
f
mf non legato
239

240
245
250
255
260
p
p
p
fp
8va
tr
fp
3
dim.
dim.
dim.
dim.
dim.
pp
pp
pp
pp
pizz.
Scherzo da Capo sin al Fine
241

19 Sonata for Horn, Trumpet and Trombone: movement I

Francis Poulenc (1899–1963)

CD 2 track 8

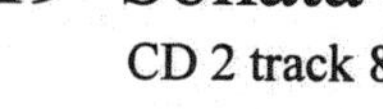

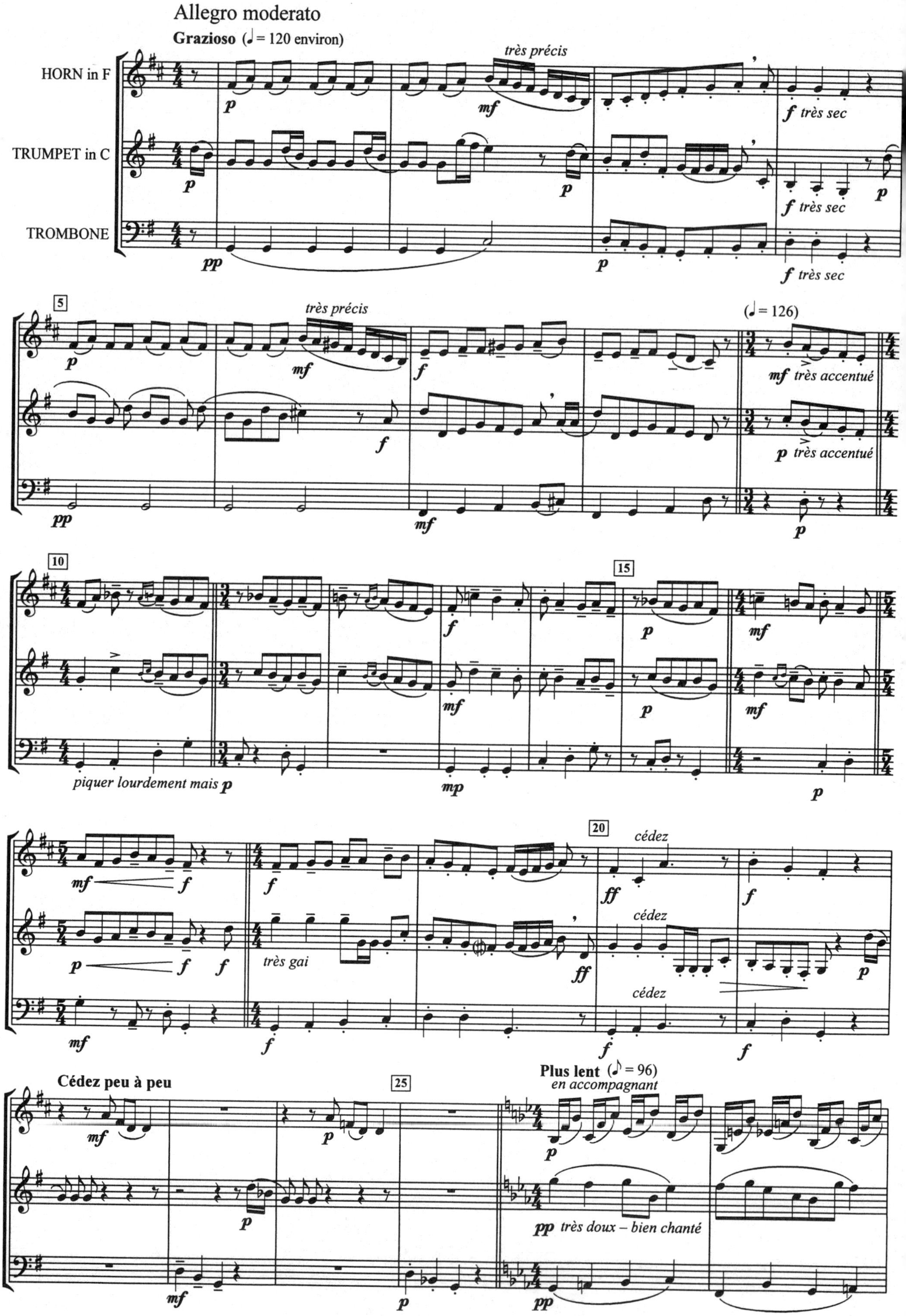

30 solo
mf très doux
au second plan
pp
p en accompagnant
p plaintif
effacé
35
p
p
pp
Pressez peu à peu
ff
f
ff
fff
long silence
Subitement
solo
p
f
ad libitum
long silence
f
p
f
p
long silence
plus vite (♩= 144) sans presser
40 sec
45
sec
p
ff
sec
sempre p
ff
p
mf
stacc.
50
mf
très gai
mf
f
mf
mf stacc.

55
très marqué
Cédez un peu
ff
fff
f
très lié
mf
p
p
mf
f
Tempo I (♩ = 120)
très prècis
60
p
mf
f sec
p
mf
f sec
p
p
f sec
p
(♩ = 126)
marqué
65
ff
f
ff
f
ff
f
mf
mf stacc.
p
70
(♩ = 132)
75
f
fff
très accentué
ff sec
p léger
très accentué
mf
f
p léger
mf
80
gai
f
f
p
f
f

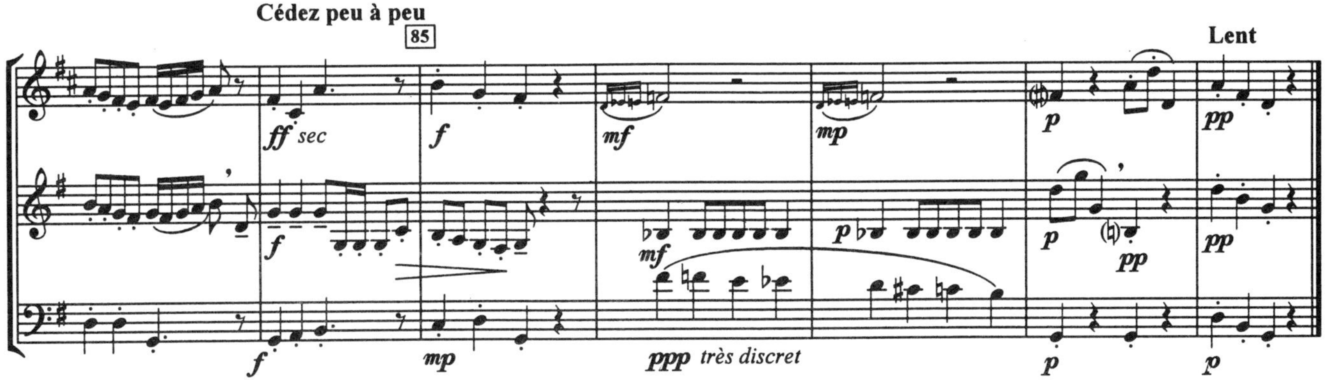

20 Pavana Lachrimae

Jan Pieterszoon Sweelinck (1562–1621)

CD 2 track 9

21 Partita No. 4 in D, BWV 828: Sarabande and Gigue Johann Sebastian Bach (1685–1750)
CD 2 tracks 10–11

SARABANDE

GIGUE

22 Piano Sonata in B♭, K.333: movement I

CD 2 track 12

Wolfgang Amadeus Mozart (1756–1791)

135
fp   fp
140
f   fp   fp   f   p
145
150 tr tr tr tr tr tr
crescendo   f   p
155
160 tr
165

23 Kinderscenen, Op. 15: Nos. 1, 3 and 11

CD 2 tracks 13–15

Robert Schumann (1810–1856)

1. VON FREMDEN LÄNDERN UND MENSCHEN
Of Foreign Lands and Peoples

3. HASCHE-MANN
Catch-me-if-you-can

11. FÜRCHTENMACHEN
Frightening

24 Pour le piano: Sarabande

CD 2 track 16

35
40
Animez   un   peu
p très soutenu
Au mouvement
45
3
3
p
f
f
p
50
p
plus p
mf
55
cresc.
f
ff
60
p
più p
65
retenu
70
p dim.
plus p
pp
ppp
m.d.

261

25 Prelude and Fugue in A, Op. 87 No. 7

CD 2 tracks 17–18

PRELUDE

p
dim.
25
rit.
pp
pp
attacca

FUGUE

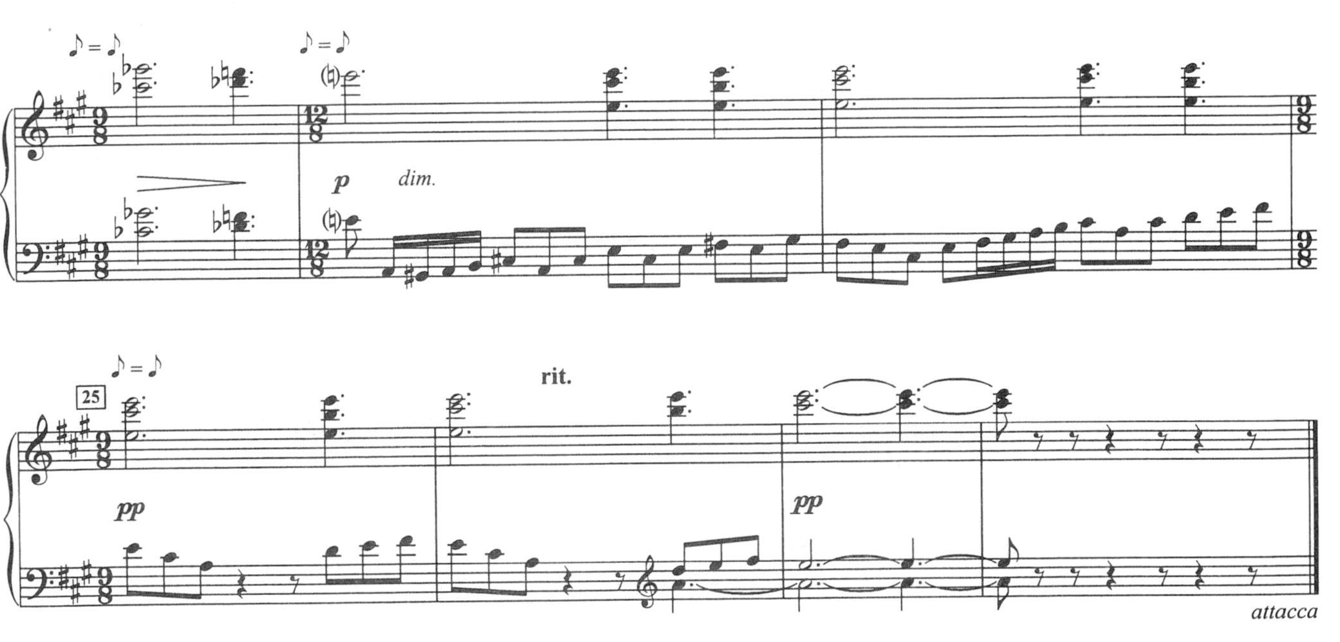

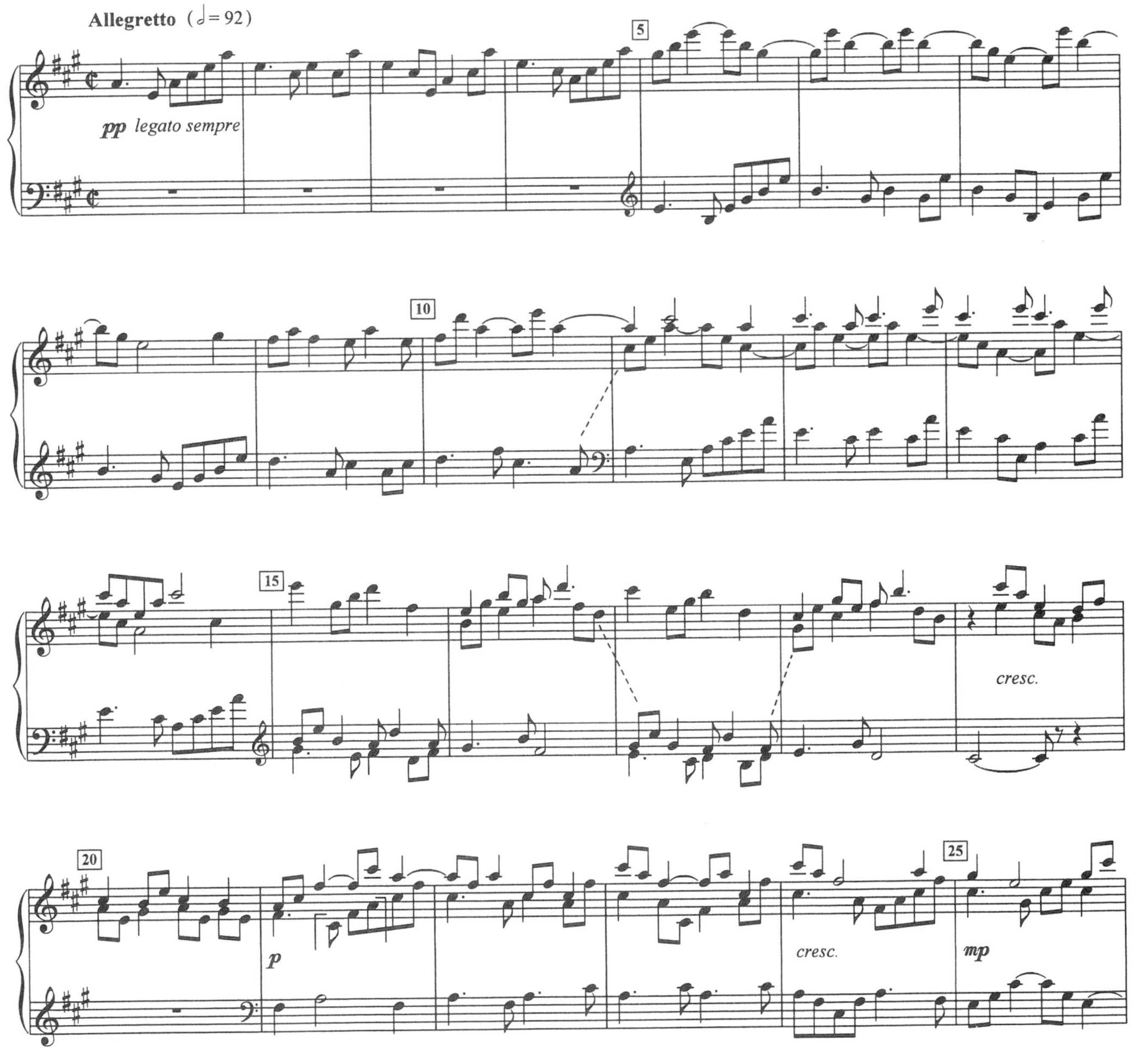
Allegretto (𝅗𝅥 = 92)
pp legato sempre
5
10
15
cresc.
20
p
cresc.
25
mp

cresc.
mf
dim.
p
cresc.
mp
dim.
p
mf
cresc.
f
cresc.

60
65
ff
dim.
70
p
75
80
85
pp
cresc.
90
mf
dim.
pp
95

26 O Wilhelme, pastor bone

John Taverner (*c.*1495–1545)

CD 3 track 1

You will notice some differences between the printed text of 'O Wilhelme, pastor bone' and the accompanying recording. This is because the piece is found in 16th-century manuscripts which have been interpreted differently by two separate editors. Notice in particular how the editors disagree slightly about the tenor part, which they have had to 'compose' because it is missing from the 16th-century manuscripts. Questions in an examination will refer to the printed version, and would not require you to remember how this deviates from the recording.

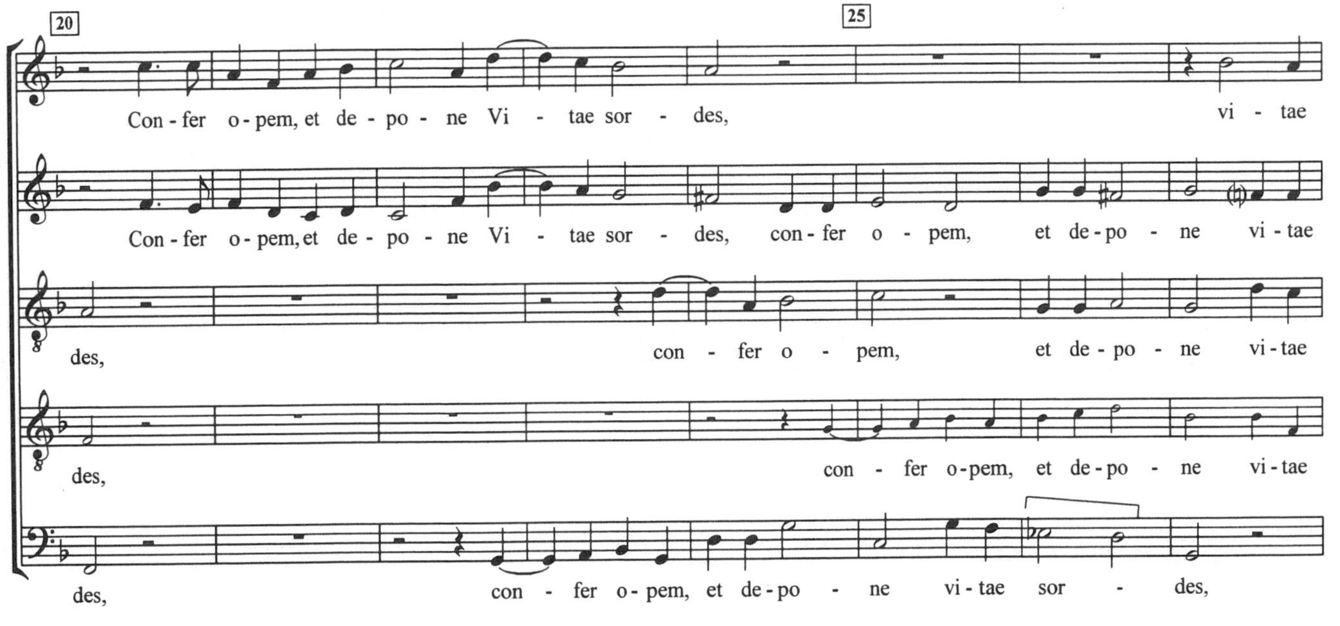
Con - fer o - pem, et de - po - ne Vi - tae sor - des, vi - tae
Con - fer o - pem, et de - po - ne Vi - tae sor - des, con - fer o - pem, et de - po - ne vi - tae
des, con - fer o - pem, et de - po - ne vi - tae
des, con - fer o - pem, et de - po - ne vi - tae
des, con - fer o - pem, et de - po - ne vi - tae sor - des,

sor - des, et co - ro - nae Cœ le - stis da glo - ri - am. Fun - da - to - rem
sor - des, et co - ro - nae Cœ le - stis da glo - ri - am. Fun - da - to - rem
sor - des, et co - ro - nae Cœ le - stis da glo - ri - am.
sor - des, et co - ro - nae Cœ le - stis da glo - ri - am.
et co - ro - nae Cœ le - stis da glo - ri - am.

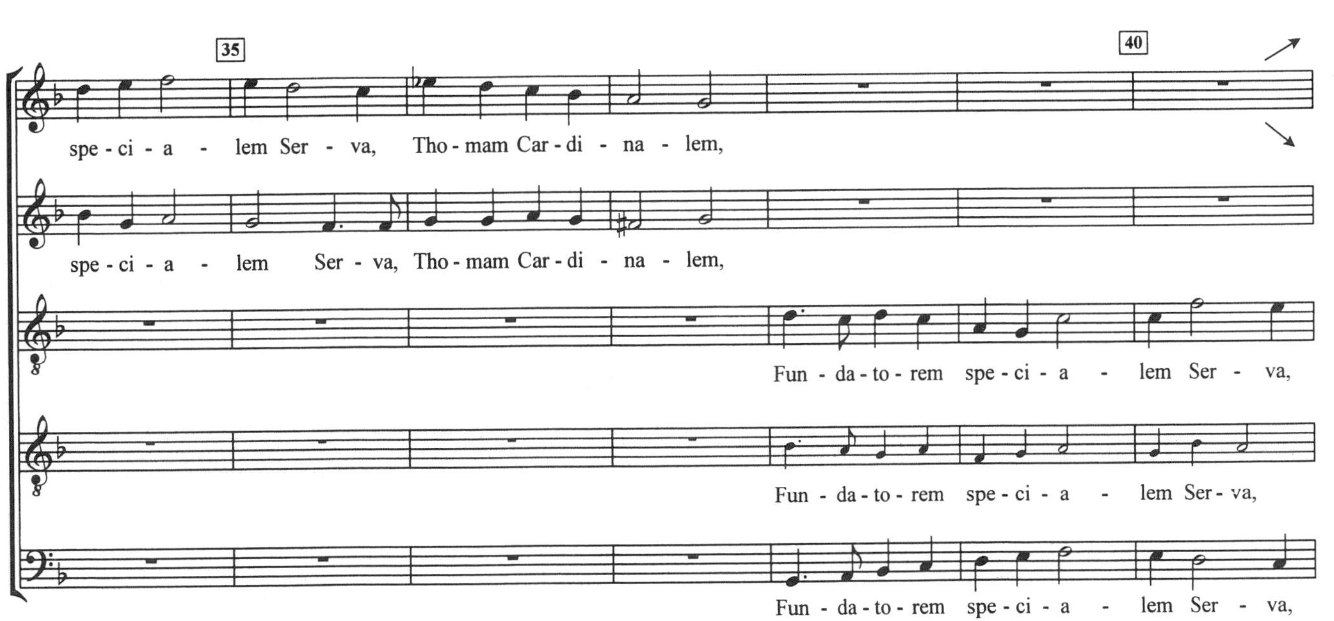
spe - ci - a - lem Ser - va, Tho - mam Car - di - na - lem,
spe - ci - a - lem Ser - va, Tho - mam Car - di - na - lem,
Fun - da - to - rem spe - ci - a - lem Ser - va,
Fun - da - to - rem spe - ci - a - lem Ser - va,
Fun - da - to - rem spe - ci - a - lem Ser - va,

TR. 1
Et ec - cle - si - am pi - o - rum Tu - e - a - re, cu - stos ho - rum;

TR. 2
Et ec - cle - si - am pi - o - rum Tu - e - a - re, cu - stos ho - rum;

M.
Et ec - cle - si - am pi - o - rum Tu - e - a - re, cu - stos ho - rum;

C.
Tho - mam Car - di - na - lem,

T.
Tho - mam Car - di - na - lem,

B.
Tho - mam Car - di - na - lem,

TR.
et ec - cle - si - am pi - o - rum tu - e - a - re, cu - stos ho - rum; Et u - tris - que con

M.
et ec - cle - si - am pi - o - rum tu - e - a - re, cu - stos ho - rum; Et u - tris - que con - ce - da-

C.
Et ec - cle - si - am pi - o - rum Tu - e - a - re, cu - stos ho - rum; Et u - tris - que

T.
Et ec - cle - si - am pi - o - rum Tu - e - a - re, cu - stos ho - rum; Et u - tris - que

B.
Et ec - cle - si - am pi - o - rum Tu - e - a - re, cu - stos ho - rum; Et u - tris - que

- ce - da - tur Ae - ter - nae vi - tae prae - mi - um, ae - ter - nae vi - tae

- - tur Ae - ter - nae vi - tae prae - mi - um, ae - ter - nae vi -

con - ce - da - tur Ae - ter - nae vi - tae prae - mi - um,

con - ce - da - tur Ae - ter - nae vi - tae prae - mi - um, prae - mi -

con - ce - da - tur Ae - ter - nae vi - tae prae - mi - um,

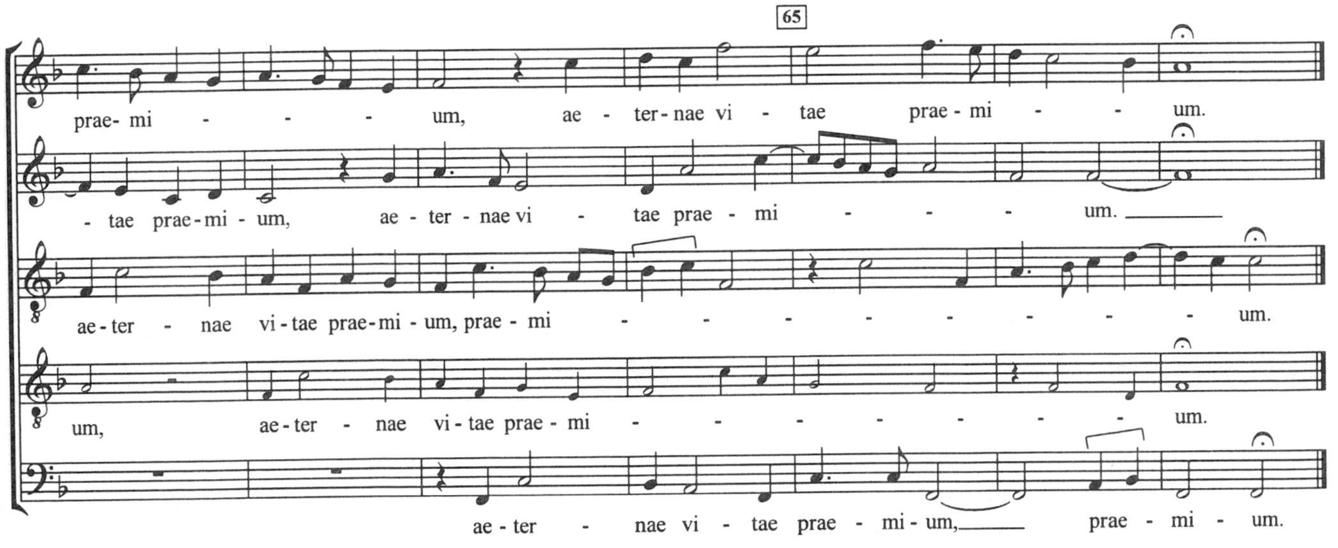

27 In ecclesiis

Giovanni Gabrieli (*c*.1555–1612)

CD 3 track 2

All of the *soli* parts are performed by male voices on the recording.
The alto line is sung at the notated pitch – in a high tenor register.

C. T. SOLO
CHORUS
-di - ci-te Do - mi - no, be-ne - di - ci - te Do - mi - no al - le - lu - ja,
al - le - lu - ja, al - le -
al - le - lu - ja, al - le -
al - le - lu - ja, al - le -
al - le - lu - ja, al - le -
al - le - lu - ja, al - le - lu - ja.
- lu ja, al - le - lu - ja.
- lu ja, al - le - lu - ja.
- lu ja, al - le - lu - ja.
lu ja, al - le - lu - ja.

BAR.
In om - ni lo - co, in om - ni lo -
- co do - mi-na-ti - o - nis, do - mi-na-ti - o - nis be - ne -
- dic, be - ne - dic a - ni - ma me - a Do -
- mi - num. Al - le - lu - ja,
CHORUS
Al - le - lu - ja, al - le -
Al - le - lu - ja, al - le -
Al - le - lu - ja, al - le -
Al - le - lu - ja, al - le -

271

al - le - lu - ja, al - le - lu - ja.
- lu - ja, al - le - lu - ja.
- lu - ja, al - le - lu - ja.
- lu - ja, al - le - lu - ja.
- lu - ja, al - le - lu - ja.
CORNETTO I SINFONIA
CORNETTO II SINFONIA
CORNETTO III SINFONIA
VIOLA SINFONIA
TROMBONE I SINFONIA
TROMBONE II SINFONIA

A. SOLO
T. SOLO
40
45
In De - o,
in
In De - o sa - lu - ta - ri me -
De - o sa - lu - ta - ri me - o, in De - o in De - o sa - lu - ta - ri me -
-o, in De - o
274

-o sa - lu - ta - ri me - o et glo - ri - a, glo - ri - a
sa - lu - ta - ri me - o et glo - ri - a, et glo - ri - a
me - a. De - us au - xi - li - um me -
me - a. De - us au - xi - li - um me -

- um et spes me - a in De - o est, in De - o est, et spes me - a
- um et spes me - a in De - o est, in De - o est, et spes
in De - o, in De - o, in De - o
me - a in De - o, in De - o, in De -

in De - o est.
- o est.
Al - le - lu - ja, al - le - lu -
Al - le - lu - ja, al - le - lu -
CHORUS
Al - le - lu - ja, al - le - lu - ja,
Al - le - lu - ja, al - le - lu - ja,
Al - le - lu - ja, al - le - lu - ja,
Al - le - lu - ja, al - le - lu - ja,

C. T. SOLO
De - us
- ja, al - le - lu - ja,
- ja, al - le - lu - ja,
al - le - lu - ja.
al - le - lu - ja.
al - le - lu - ja.
al - le - lu - ja.

70
te in-vo-ca-mus, te
BAR.
De - us no - ster te lau - da-mus,
in - vo-ca - mus, te a-do-ra -
te lau - da-mus, te a-do - ra -
75
- mus, te a-do-ra - mus.
- mus, te a-do-ra - mus.
80
Li - be - ra nos
sal -

vi - vi - fi - ca nos, vi -
va nos, vi - vi - fi - ca -
vi - fi - ca nos, vi - vi - fi - ca, vi - vi - fi - ca
nos, vi - vi - fi - ca, vi - vi - fi - ca
nos.
Al - le - lu - ja, al - le - lu -
nos. Al - le - lu - ja, al - le - lu -
CHORUS
Al - le - lu - ja, al - le - lu - ja,
Al - le - lu - ja, al - le - lu - ja,
Al - le - lu - ja, al - le - lu - ja,
Al - le - lu - ja, al - le - lu - ja,

280

SOLI
100
- ja, al - le - lu - ja. De - us,
De - us,
De - us,
- ja, al - le - lu - ja. De - us,
al - le - lu - ja. De - us,
al - le - lu - ja. De - us,
al - le - lu - ja. De - us,
al - le - lu - ja. De - us,
CORNETTO I
CORNETTO II
CORNETTO III
VIOLA
TROMBONE I
TROMBONE II
100

105
De - us ad - ju - tor no - ster, ad - ju - tor no -
De - us ad - ju - tor no -
De - us ad - ju - tor no -
De - us ad - ju - tor no - ster, ad - ju - tor no -
De - us ad - ju - tor no - ster, ad - ju - tor no -
De - us ad - ju - tor no - ster, ad - ju - tor no -
De - us ad - ju - tor no - ster, ad - ju - tor no -
105

110
- ster, De - us, De - us
- ster, De - us ad - ju - tor no -
- ster, De - us ad - ju - tor no -
- ster, De - us, De - us
- ster, De - us, De - us, De -
- ster, De - us, De - us, De -
- ster, De - us, De - us, De -
- ster, De - us, De - us, De -
110

115
ad - ju - tor no - ster, ad ju - tor no - ster in æ - ter -
- ster ad - ju - tor no - ster, no - ster
- ster, ad - ju - tor no - ster, no - ster in
ad - ju - tor nó - ster, ad-ju - tor no - ster in æ -
- us ad - ju - tor no - ster in æ -
- us ad - ju - tor no - ster in æ -
- us ad - ju - tor no - ster in æ - ter - num,
- us ad - ju - tor no - ster in æ -
115

num.
in æ ter num.
æ ter num.
ter num.
ter num, in æ ter num. Al - le -
ter num, in æ ter num. Al - le -
in æ ter num. Al - le -
ter num. Al - le -

120
Al - le - lu - ja, al - le - lu - ja, al - le - lu -
Al - le - lu - ja, al - le - lu - ja, al - le - lu -
Al - le - lu - ja, al - le - lu - ja, al - le - lu -
Al - le - lu - ja, al - le - lu - ja, al - le - lu -
- lu - ja, al - le - lu - ja, al - le - lu -
- lu - ja, al - le - lu - ja, al - le - lu -
- lu - ja, al - le - lu - ja, al - le - lu -
- lu - ja, al - le - lu - ja, al - le - lu -
120

125
- ja, al - le - lu - ja, al - le - lu - ja.
- ja, al - le - lu - ja, al - le - lu - ja.
- ja, al - le - lu - ja, al - le - lu - ja.
- ja, al - le - lu - ja, al - le - lu - ja.
- ja, al - le - lu - ja, al - le - lu - ja.
- ja, al - le - lu - ja, al - le - lu - ja.
- ja, al - le - lu - ja, al - le - lu - ja.
125

28 Cantata No. 48, 'Ich elender Mensch': movements I–IV

Johann Sebastian Bach (1685–1750)

CD 3 tracks 3–6

Tpt
25
30
Ob. I, II
B.
Ich e - len - der
Vln. I
Vln. II
Vla.
Cont.
Tpt
35
Ob. I, II
S.
Ich e - len - der Mensch, wer wird mich er -
A.
Ich e - len - der
T.
Ich e - len - der Mensch, wer wird mich er - lö - sen vom
B.
Mensch, wer wird mich er - lö - sen vom Lei - be die - ses Todes,
Vln. I
Vln. II
Vla.
Cont.
S.
lö - sen vom Lei - be die - ses To - des?
A.
40
Mensch, wer wird mich er - lö - sen vom Lei - be die - ses To - des?
T.
Lei - be die - ses To - des, vom Lei - be die - ses To - des?
B.
vom Lei - be die - ses To - des?
Vln. I
Vln. II
Vla.
Cont.

e - len - der Mensch, wer wird mich er - lö - sen vom Lei - be die -
Ich e - len - der Mensch, wer wird mich er - lö -
- ses To - des!
- sen vom Lei - be die - ses To - des!

290

Ich e - len - der
Ich e - len - der Mensch, wer wird mich er - lö -
Mensch, wer wird mich er - lö - sen vom Lei - be die -
Ich e - len - der Mensch, wer
Ich
- sen vom Lei - be die - ses To - des, vom Lei - be die -
ses To - des, vom Lei - be die -
wird mich er - lö - sen vom Lei - be die - ses To -
e - len - der Mensch, wer wird mich er - lö - sen vom Lei - be die -

ses To - des! Ich e - len - der Mensch, wer wird mich er - lö -
ses To - des! Ich e - len - der Mensch, wer
- des! Ich
- ses To - des!
Tpt
Ob. I, II
S.
- sen, er - lö - sen vom Lei - be die-ses To - des, Ich
A.
wird mich er - lö - sen, er - lö - sen vom Lei - be die-ses To - des,
T.
e - len - der Mensch, wer wird mich er - lö - sen, er - lö - sen vom
B.
Ich e - len - der Mensch, wer wird mich er - lö -
Vln. I
Vln. II
Vla.
Cont.

e - len - der Mensch, wer wird mich er - lö -
Ich e - len - der Mensch, wer wird mich er - lö -
Lei - be die - ses To - des, ich e - len - der Mensch, wer wird mich er -
- sen vom Lei - be die - ses To - des, ich e - len - der Mensch, wer
S.
- sen, wer wird mich er - lö - sen,
A.
- sen, wer wird mich er - lö - sen,
T.
- lö - sen, er - lö - sen,
B.
wird mich er - lö - sen, er - lö - sen,
Vln. I
Vln. II
Vla.
Cont.

Tpt
Ob. I, II
S.
Ich e-len-der Mensch, wer wird mich er-lö - sen, wer
A.
Ich e-len-der Mensch, wer wird mich er-lö - sen, er-
T.
Ich e-len-der Mensch, wer wird mich er-
B.
Ich e-len-der Mensch, wer
Vln. I
Vln. II
Vla.
Cont.
S.
wird mich er-lö - sen, ich e-len-der
A.
-lö - sen,
T.
-lö - sen, er-lö-sen, ich e-len-der Mensch, wer wird mich er-lö - sen,
B.
wird mich er-lö - sen, ich e-len-der Mensch, wer wird mich er-
Vln. I
Vln. II
Vla.
Cont.

Tpt
Ob. I, II
S.
Mensch, wer wird mich er - lö - sen vom Lei - be die - ses
A.
ich e - len - der Mensch, wer wird mich er - lö - sen vom Lei - be
T.
- lö - sen, wer wird mich er - lö - sen vom Lei - be, vom Lei - be die - ses
B.
- lö - sen, er - lö - sen vom Lei - be die - ses To - des, wer
Vln. I
Vln. II
Vla.
Cont.
130
135
To - - - - des!?
die - ses To - - - des!?
To - - - des!?
wird mich er - lö - sen vom Lei - be die - ses To - - des!?

2. Recitativo
Alto
Vln. I
Vln. II
Vla.
Cont.
O Schmerz, o E-lend! so mich trifft, in-dem der Sün-dern Gift bei mir in
Brust und A-dern wü-thet. Die Welt wird mir ein Siech-und Ster-be-haus, der Leib muss sei-ne
Pla-gen bis zu dem Gra-be mit sich tra-gen. Al-ein die see-le füh-let das stärk-ste
Gift, da-mit sie an-ge-ste-cket: d'rum, wenn der Schmerz den Leib des To-des
trifft, wenn ihr der Kreuz-kelch bit-ter schme-cket, so treibt er ihr ein brün-stig seuf-zen aus.
(sic.)

3. Chorale
Tpt, Obs, Vln I/S. Vln II/A.
Vla/T. Cont./B.
Soll's ja so sein, dass Straf' und Pein auf Sün-dern fol-gen müs - sen: so fahr' hier fort und
scho - ne dort, und lass mich hier wohl büs - - - - sen.
4. Aria
Oboe Solo
Continuo
Alto
Ob.
Cont.
Ach
Fine
le - ge das So-dom der sünd-li-chen Glie-der, wo-fern es dein Wil-le,
wo-fern es dein Wil-le, zer-stö-ret dar-nie-der! Ach
piano
(sic.)

le - ge das So - dom der sünd - li-chen Glie - der, wo - fern es dein Wil - le, zer -
- stö - ret dar - nie-der!
forte
Nur scho - ne der see - le, und ma - che sie rein, um
(dim.) piano
vor dir ein hei - li - ges Zi - on zu - sein.
Nur scho - ne der see - le, und ma - che sie rein, nur scho - ne der

29 'Quoniam tu solus' *from* The Nelson Mass

Joseph Haydn (1732–1809)

CD 3 track 7

so - lus Al - tis - si-mus.
Je - su, Je - su Chri - ste,
tu so - lus Al - tis - si - mus.
Tu, tu so - lus, tu
tu so - lus Al - tis - si - mus.
Tu, tu so - lus, tu
tu so - lus Al - tis - si - mus.
Tu, tu so - lus, tu
tu so - lus Al - tis - si - mus.
Tu, tu so - lus, tu
Str. p
f Tutti
Vln I/II
p
Tutti
so - lus san - ctus. Tu so - lus Do - mi - nus. Tu so - lus Al - tis - si - mus, Je - su,
so - lus san - ctus. Tu so - lus Do - mi - nus. Tu so - lus Al - tis - si - mus, Je - su,
so - lus san - ctus. Tu so - lus Do - mi - nus. Tu so - lus Al - tis - si - mus, Je - su,
so - lus san - ctus. Tu so - lus Do - mi - nus. Tu so - lus Al - tis - si - mus, Je - su,
Str.
Je - su Chri - ste.
Cum San - cto Spi - ri - tu, in
p
Je - su Chri - ste.
Cum San - cto Spi - ri - tu, in
p
Je - su Chri - ste.
Cum San - cto Spi - ri - tu, in
p
Je - su Chri - ste.
Cum San - cto Spi - ri - tu, in
Vla
Fl.
Vln II
p Vln I

20
glo - ri - a De - i Pa - tris, a - men, a - men,
glo - ri - a De - i Pa - tris, a - men, a - men,
glo - ri - a De - i Pa - tris, a - men, a - men,
glo - ri - a De - i Pa - tris, a - men, in glo - ri - a De - i Pa -
Vla
Vc., Db.
(sim.)
25
in glo - ri - a
in glo - ri - a De - i Pa - tris, a -
in glo - ri - a De - i Pa - tris, a - men, a - men,
-tris, a - men, a - men, a - men, a - men,
Vln II/Ob. 2
Vln I/Ob. 1
Vc.
30
De - i Pa - tris, a - men, in glo - ri - a
- men, a - men, a - men, a - men, a - men, a - men,
a - men, a - men, in glo - ri - a De - i Pa - tris,
in glo - ri - a De - i Pa - tris, a - men,
Vln I/Fl.
Vc., Db.
Vc.

35
De - i_ Pa - tris, a - men, a - men,
a - men, a - men, in glo - ri - a
a - men, a - men, in glo - ri - a De - i_ Pa - tris, a - men,
in glo - ri - a De - i_ Pa - tris, a - men, a - men,
Vln II/Ob. 2
Vla
Vc., Db.
40
in glo - ri - a De - i_ Pa - tris, a -
De - i_ Pa - tris, a - men, a -
a - men, a - men,
a - men,
in
Vln I/Ob. 1
Vc.
Vc., Db.
45
50
-men, in glo - ri - a De - i_ Pa - tris, a -
-men, in glo - ri - a De - i_ Pa - tris, a - men, a - men, a -
in glo - ri - a De - i Pa - tris, a - men, in glo - ri - a De - i_ Pa - tris, a -
glo - ri - a De - i_ Pa - tris, a - men, a - men, a - men,
Vln II
Vln I
Vla
Vc.

55
- men, a - - men, in glo - ri - a De - i Pa - tris,
- - men, in glo - ri - a De - i Pa - tris, a - men,
- men, a - - - men, in glo - ri - a De - i Pa - tris, a -
in glo - ri - a De - i Pa - tris, a - men, a - men, a -
Vla
Str./Ob. I
+Db.
60
a - men, a - - - - - - - - men, a - men.
a - men, a - - - - - - - - - men.
- men, a - - - - - - - men, a - men.
- men, a - men, a - - - men, a - men, a - men.
Tutti
p
Str.
Soprano solo
65
A - - - men, a -
Alto solo
A - men,
Tenor solo
A - men, a - men, a - men, a - men, a - men, a -
Bass solo
A - men, a - men, a - men, a - men, a - men, a - men,

70
-men, a - - - - -men, a - men,
a - men, a - men,a - - - - men,a - men,a - men,
-men, a - men, a - - - - men, a - men,
a - men, a - - - - - men, a - men, a - men, a - men, a -
Obs
75
a - - -men, a - - - -men, a -
a - - - - - - men, a - men, a
a - men, a - men, a - men, a - men, a - men, a - men, a
-men, a - men, a - men, a - men, a - men, a -
f Tutti
f Tutti
f Tutti
Fl.
f Tutti
80
- - - - men, a - men, a - men, a - men.
- - - - men, a - men, a - men, a - men.
- - - - men, a - men, a - men, a - men.
- - - - men, a - men, a - men, a - men.

30 Locus iste

CD 3 track 8

Anton Bruckner (1824–1896)

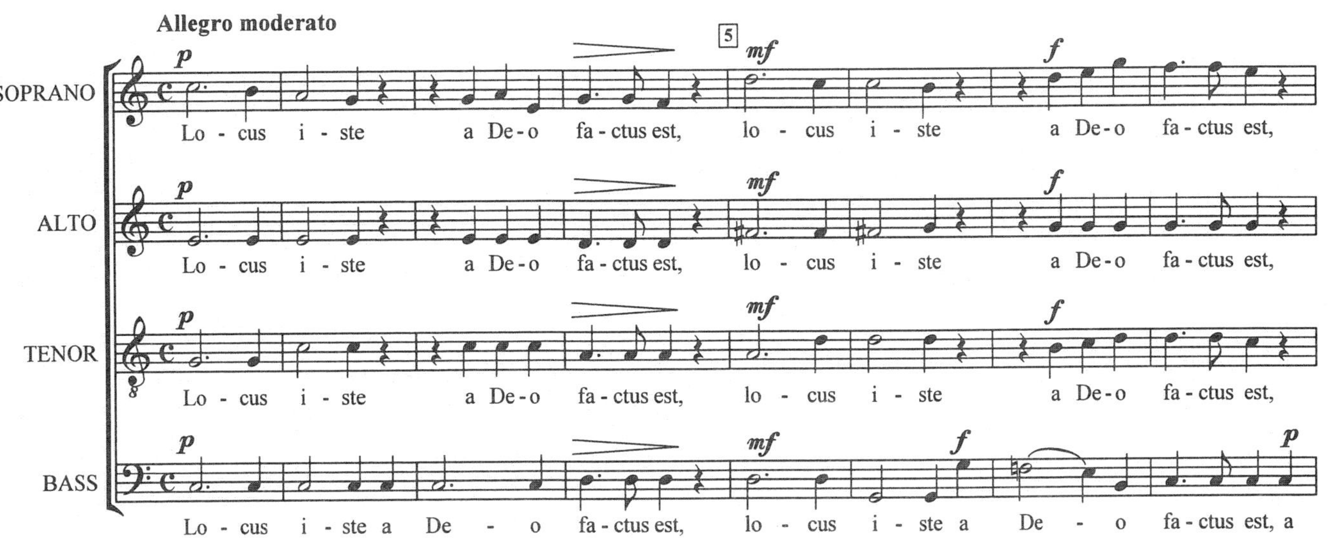

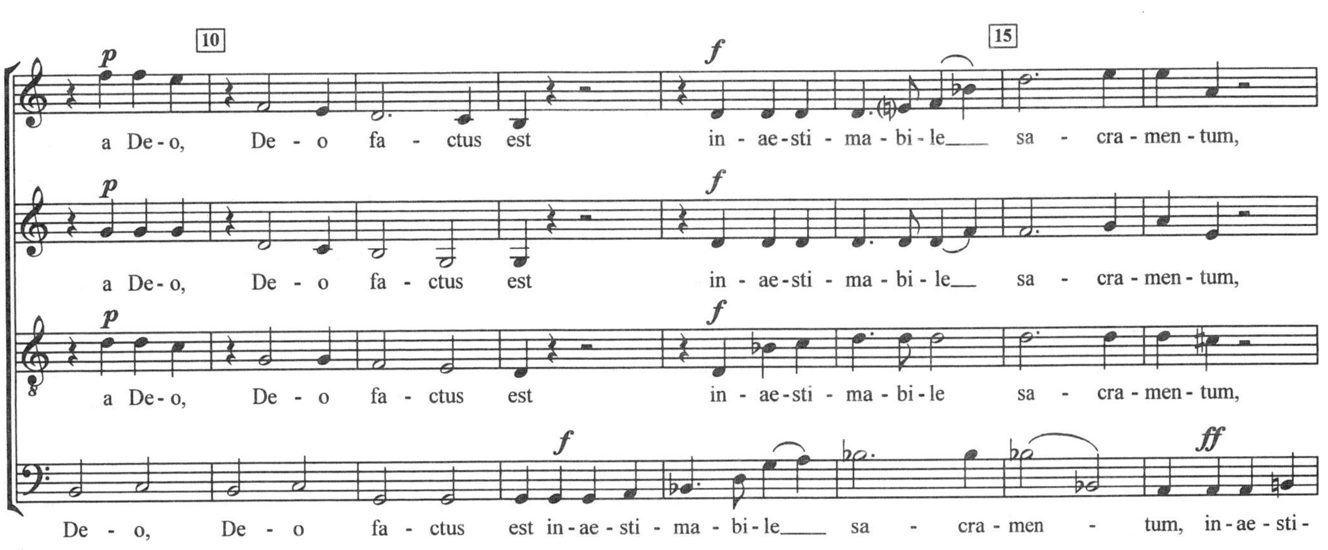

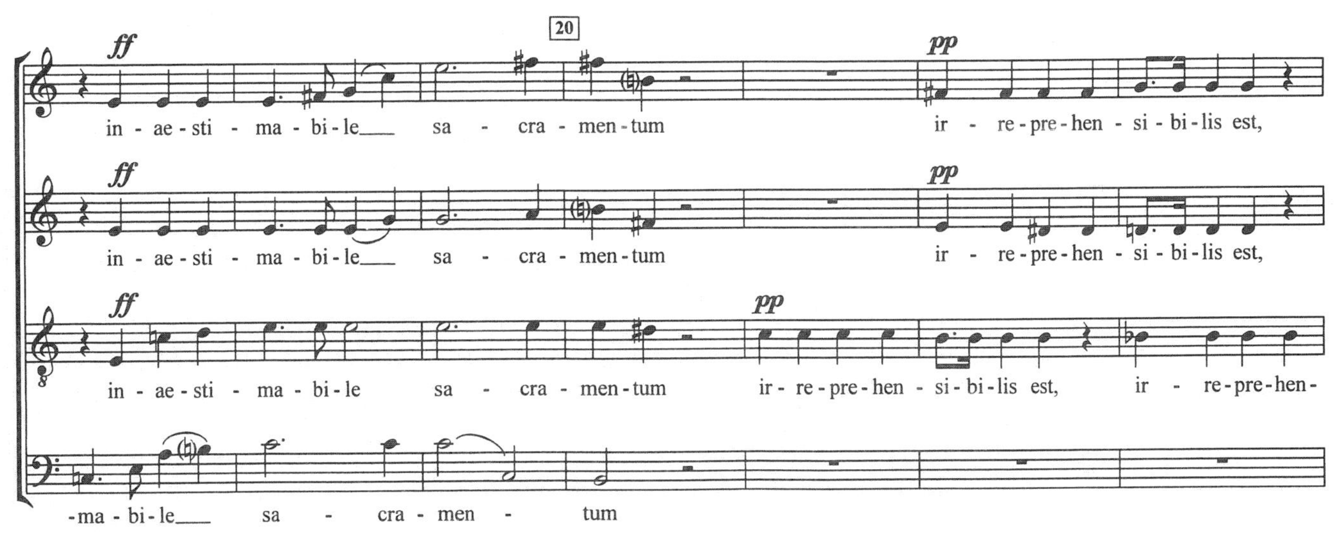

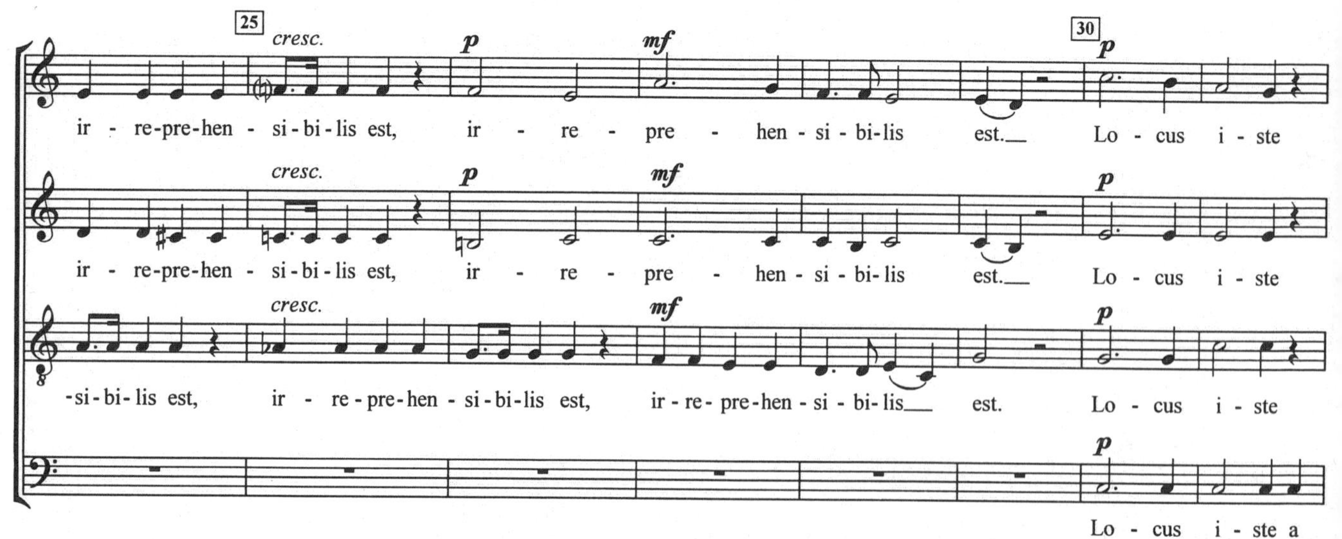

ir - re-pre-hen - si-bi-lis est, ir - re - pre - hen - si-bi-lis est.___ Lo - cus i - ste
ir - re-pre-hen - si-bi-lis est, ir - re - pre - hen - si-bi-lis est.___ Lo - cus i - ste
-si-bi-lis est, ir - re-pre-hen - si-bi-lis est, ir - re-pre-hen - si-bi-lis___ est. Lo - cus i - ste
Lo - cus i - ste a

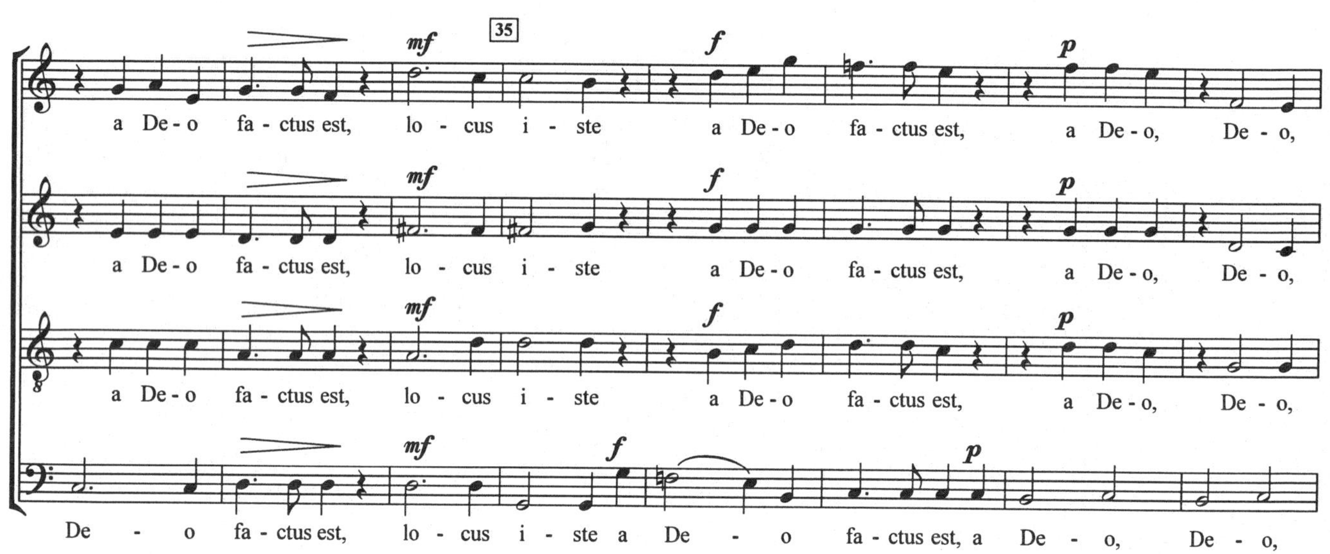

a De - o fa-ctus est, lo - cus i - ste a De - o fa-ctus est, a De - o, De - o,
a De - o fa-ctus est, lo - cus i - ste a De - o fa-ctus est, a De - o, De - o,
a De - o fa-ctus est, lo - cus i - ste a De - o fa-ctus est, a De - o, De - o,
De - o fa-ctus est, lo - cus i - ste a De - o fa-ctus est, a De - o, De - o,

De - - - o, a De - o, De - o fa - ctus est.
De - - - o, a De - o, De - o fa - ctus est.
De - - - o, a De - o, De - o fa - ctus est.
De - - - o, a De - o, De - o fa - ctus est.

31 Symphony of Psalms: movement III

CD 3 track 9

10
Fl. 1, 2
Fl. 3, 4
Fl. 5
Ob. 1, 2
Ob. 3, 4
C. A.
Dbsn
Hn 1
Hn 3
Tpt 1, 2
Tpt 3, 4
B. Tbn.
S.
A.
T.
B.
Hp
Pno 1
Pno 2
Vc.
Db.
a 2
p
p
p
p
p
p
p
p ma marc.
p ma marc.
1.
3.
p
p
poco
poco
poco
poco
DO - MI - NUM in san - ctis E - jus Lau - da -
DO - MI - NUM in san - ctis E - jus Lau - da -
DO - MI - NUM in san - ctis E - jus Lau - da - te, lau - da - te E -
DO - MI - NUM in san - ctis E - jus Lau - da - te, lau - da - te E -
mf
p
p
p
8va
8vb
8vb

Fl. 1, 2
Fl. 3, 4
Fl. 5
Ob. 1, 2
Ob. 3, 4
C. A.
Dbsn
Hn 1
Hn 3
Tpt 1, 2
B. Tbn.
S.
A.
T.
B.
Hp
Pno 1
Pno 2
Vc.
Db.
p
div. a 2
div. a 3
-te E - um in fir - ma - men - to vir - tu - tis E - jus. DO - MI - NUM.
-te E - um in fir - ma - men - to vir - tu - tis E - jus. DO - MI - NUM.
-um in fir - ma - men - to vir - tu - tis E - jus. Lau - da - te DO - MI - NUM.
-um in fir - ma - men - to vir - tu - tis E - jus. Lau - da - te DO - MI - NUM.

Tempo ♩=80 (♩ = ♩) sempre in 4
25
Bsn 1
sf p sub. e stacc.
simile
Bsn 2, 3
a 2
poco sf
Hn 1, 2
sf p sub. e stacc.
simile
p
Hn 3
sf p sub. e stacc.
simile
Hn 4
Tempo ♩=80 (♩ = ♩) sempre in 4
Vc.
Db.
pizz.
30
Bsn 1
Bsn 2, 3
Hn 1, 2
sf p sub. e stacc.
Hn 3
sf p sub. e stacc.
Hn 4
Tpt 1
1.
p stacc.
Tbn. 1, 2
sf
B. Tbn. Tba
sf
Hp
près de la table mf
Vc.
unis. pizz.
arco
mf
pizz.
cresc.
sf
staccatissimo mf
arco
arco
Db.
sf
staccatissimo mf

Ob. 1, 2
Ob. 3, 4
Bsn 1
Bsn 2, 3
Hn 1, 2
Hn 3
Hn 4
Tpt 1
Tbn. 1, 2
B. Tbn.
Tba
Hp
Pno 1, 2
Vc.
Db.
35
p
p
p
p
3.
2.
sf p sub. e stacc.
sf p sub. e stacc.
sf p sub. e stacc.
marc. ma non f
poco sf
poco sf
a 2
forte
poco sf sempre

40
Fl. 1, 2
Fl. 3, 4
Ob. 1, 2
Ob. 3, 4
Bsn 1
Bsn 2, 3
Hn 1, 2
Hn 3, 4
Tbn. 1, 2
B. Tbn. Tba
Timp.
Hp
Pno 1
Pno 2
Vc.
Db.
a 2
molto
f marc. - stacc.
marc. ma non f
non arpeg.
ordinairement
ben marcato

45
Fl 5 = Picc.
Picc.
Fl. 1, 2
Fl. 3, 4
Ob. 1, 2
Ob. 3, 4
C. A.
Bsn 1
Bsn 2, 3
Hn 1, 2
Hn 3, 4
Tpt in D
Tpt 1, 2
Tbn. 1, 2
B. Tbn.
Tba
Timp.
change Ab to A
Hp
gliss.
gliss.
Pno 1
Pno 2
Vc.
Db.
313

Picc.
Fl. 1, 2
Fl. 3, 4
Ob. 1, 2
Ob. 3, 4
C. A.
Bsn 1, 2
Bsn 3
Dbsn
Hn 1, 2
Hn 3, 4
Tpt in D
Tpt 1, 2
Tpt 3, 4
Tbn. 1, 2
B. Tbn.
Tba
Timp.
Hp
Pno 1
Pno 2
Vc.
Db.

50
in 2
Picc.
Fl. 1, 2
Fl. 3, 4
Ob. 1, 2
a 2
Ob. 3, 4
a 2
C. A.
sff
Bsn 1, 2
1.
sff
p
Bsn 3
p
Hn 1
p
cantabile mf
Hn 2
sff
Hn 3
p
cantabile mf
Hn 4
sff
Tpt 1, 2
sf
Tpt 3
sempre sf e staccato
Tbn. 1, 2
sf e staccato
Tba
sf
Timp.
p
in 2
cant., non f
S.
Lau - da - te,
Hp
mf
8va
Pno 1, 2
a 2
très fort
sff
mf
Vc.
(arco)
sff
Db.
pizz.
mf

55
60
Fl. 1, 2
mf cant.
Fl. 3, 4
Ob. 1, 2
Ob. 3, 4
mf cant.
Bsn 1
Hn 1
Hn 2
Hn 3
Hn 4
Tba
mf
Timp.
cres -
S.
lau - da - te E - um in vir -
cant., marc. ma non f
cres -
A.
Lau - da - te, lau - da - te E - um in vir - tu -
Hp
Pno 1, 2
div. a 3
mf cant.
Vc.
arco
mf
Db.
mf
mf
316

65
Bsn 1
Dbsn
mf cres - cen - do molto
Hn 1, 2
cres - cen - do molto
Hn 3, 4
Tpt 1, 2
p
molto
poco sf
molto f
Tpt 3, 4
Tba
cres - cen - do molto
Timp.
S.
- cen - do
f
-tu - ti - bus E - jus
A.
- cen - do
f
sub. p ma marc.
-ti - bus E - jus
Lau - da - te DO - MI - NUM
T.
sub. p ma marc.
Lau - da - te DO - MI - NUM
Hp
cres - cen - do molto
subito meno f
Pno 1, 2
très sonore
cres - cen - do molto
subito meno f
Vc. solo
pizz.
arco
Gli Altri Vc. div.
pizz. ben marcato
arco p e staccato - marc.
Db. solo
sub. p
Altri Db.
pizz.
crescendo molto
arco
sub. p e staccato - marc.

70
Ob. 1, 2
Ob. 3, 4
C. A.
leggiero e staccato
Bsn 1, 2
a 2
stacc.
marc.
leggiero e staccato
Timp.
non f
Bs Dr.
non f
A.
etc. simile
in vir - tu - ti - bus E jus, lau - da - te DO - MI - NUM in san - ctis E jus.
T.
etc. simile
in vir - tu - ti - bus E jus, lau - da - te DO - MI - NUM in san - ctis E jus.
Hp
Pno 1, 2
Vc. solo
Altri Vc. div.
Db. solo
Altri Db.

318

Ob. 1, 2
a 2
sub.
sub.
75
sempre leggiero
Ob. 3, 4
a 2
sub.
sempre leggiero
C. A.
Bsn 1, 2
poco sfp sempre
Bsn 3
Dbsn
poco sfp sempre
Hn 1
1.
staccatissimo, leggierissimo
Hn 3
3.
staccatissimo, leggierissimo
Tpt in D
p
p
sempre leggiero e stacc.
Tpt 1, 2
p
p
sempre leggiero e stacc.
Tpt 3, 4
poco sfp sempre
Tbn. 1, 2
poco sfp sempre
B. Tbn.
poco sfp sempre
Tba
poco sfp sempre
ben cant. ma
non troppo f
B.
Lau - da - te E - um se - cun - dum

Fl. 1, 2
Fl. 3, 4
Ob. 1, 2
Ob. 3, 4
C. A.
Bsn 1, 2
Bsn 3
Dbsn
Tpt in D
Tpt 1
Tpt 2
Tpt 3, 4
Tbn. 1, 2
B. Tbn.
Tba
A.
T.
B.
80
a 2
mf
mf
tenuto
sub.
sub.
sub.
sub.
stacc.
sub.
sim.
sub.
stacc.
sub.
sub.
3.
3.
4.
poco sf e sub. p
sempre sim.
Lau - da -
poco sf e sub. p
sempre sim.
Lau - da -
mul - ti - tu - di - nem ma - gni -

85
Fl. 1, 2
Fl. 3, 4
Ob. 1, 2
Ob. 3, 4
a 2
C. A.
Bsn 1, 2
Bsn 3
Dbsn
Hn 1, 2
Hn 3, 4
Tpt in D
sub.
sub.
Tpt 1
Tpt 2
sub.
sub.
Tpt 3, 4
Tbn. 1, 2
B. Tbn.
Tba
S.
A.
-te E - um se - cun - dum
T.
-te E - um se - cun - dum
B.
-tu - di - nis E - jus
a 2
321

Fl. 1, 2
Fl. 3, 4
Ob. 1, 2
Ob. 3, 4
C. A.
Bsn 1, 2
Bsn 3
Dbsn
Hn 1, 2
Hn 3, 4
Tpt in D
Tpt 1
Tpt 2
Tpt 3, 4
Tbn. 1, 2
B. Tbn.
Tba
S.
A.
T.
B.
Pno 1, 2
Vc.
Db.
a 2
90
f
sub.
etc. simile
etc. simile
etc. simile
f ben marc.
Lau - da - te E - um in so - (ho) - no
mul - ti - tu - di - nem ma -
mul - ti - tu - di - nem ma -
Lau - da - te E - um in so - (ho) - no
8va
f
sim.

Fl. 1, 2
Fl. 3, 4
Ob. 1, 2
Ob. 3, 4
C. A.
Bsn 1, 2
Bsn 3
Dbsn
Hn 1, 2
Hn 3, 4
Tpt in D
Tpt 1, 2
Tpt 3, 4
Tbn. 1, 2
B. Tbn.
Tba
S.
tu - (hu) - bae, lau - da - te e - (he) - um.
A.
-gni - tu - di - nis e - jus.
T.
-gni - tu - di - nis e - jus.
B.
tu - (hu) - bae, lau - da - te e - (he) - um.
Pno 1, 2
Vc.
Db.
95

Tempo I ♩ = 48
100
Tempo - in 4 ♩ = 80
105
Fl. 1, 2
Fl. 3, 4
Ob. 1, 2
Ob. 3, 4
C. A.
Bsn 3
Dbsn
Hn 1, 2
Hn 3, 4
Tpt in D
Tpt 1, 2
Tpt 3, 4
Tbn. 1, 2
B. Tbn.
Tba
Timp.
S.
A.
T.
B.
Vc.
Db.
Al - le - lui - a.
Al - le - lui - a.
Al - le - lui - a.
Al - le - lui - a.
Lau - da - te
Lau - da - te
a 2
a 2
a 2
ff
ff
sf
sf
sf
sf
p
p
p
p
p
p
p
p
mf
sf
sf p
sf p
sf p
sf p
f
f

110
C. A.
Hn 1, 2
Hn 3, 4
Tpt in D
Tpt 1, 2
Tpt 3, 4
Tbn. 1, 2
B. Tbn. Tba
Timp.
S.
A.
T.
B.
Hp
Pno 2
Vc.
Db.
f
marcatissimo staccatissimo
sim.
simile
ben marc.
sim. sf p
sim. sf p
sim. sf p
sim. sf p
Lau - da - te E - - um.
Lau - da - te E - - um.
DO - MI - NUM Lau - da - te E - - um.
DO - MI - NUM Lau - da - te E - - um.
pincer la corde près de la table
sf
pédale de gauche
f

Picc.
Fl. 1, 2
Fl. 3, 4
Ob. 1, 2
Ob. 3, 4
C. A.
Bsn 2, 3
Dbsn
Hn 1, 2
Hn 3, 4
Tbn. 1
S.
A.
T.
B.
Hp
Pno 1
Pno 2
Vc.
Db.
sf sempre
sf sempre
sf sempre
sf sempre
sf sempre
a 2
sf
sf stacc.
1.
f bien piqué
stacc. mf
Lau - da -
stacc. mf
Lau - da -
stacc. mf
Lau - da -
stacc. mf
Lau - da -
pizz.
f
arco
poco sf
pizz.

115
Bsn 2, 3
Hn 1, 2
Hn 3, 4
Tpt 2
2.
sf
Tpt 3, 4
Tbn. 1, 2
1.
p stacc.
sf
B. Tbn.
S.
-te DO - MI - NUM
A.
-te DO - MI - NUM
T.
-te DO - MI - NUM
B.
-te DO - MI - NUM
près de la table
Hp
Vc.
pizz.
arco
staccatissimo mf
Db.
arco
sf

120
125
Ob. 1, 2
Ob. 3, 4
Bsn 1
Bsn 2, 3
Hn 1, 2
Hn 3, 4
Tpt 1
Tbn. 1, 2
B. Tbn.
Tba
S.
A.
T.
B.
Hp
Pno 1, 2
Vc.
Db.
sempre come sopra
sempre come sopra
sempre come sopra
sempre come sopra
sempre come sopra
3.
1.
p
p
p
p
marc. ma non f
poco sf
poco sf
poco sf sempre
f
Lau - da - te DO - MI - NUM
Lau - da - te DO - MI - NUM
Lau - da - te DO - MI - NUM
Lau - da - te DO - MI - NUM

Fl. 1, 2
Fl. 3, 4
Ob. 1, 2
Ob. 3, 4
Bsn 1
Bsn 2, 3
Hn 1, 2
Hn 3, 4
Timp.
S.
A.
T.
B.
Hp
Pno 1
Pno 2
Vc.
Db.
a 2
f
marc. ma non f
Lau - da - te DO - MI - NUM,__ lau - da - te E - um.__
non arpeg.
ordinairement
change A♭ to A♮
ben marcato
329

130
Picc.
Fl. 1, 2
Fl. 3, 4
Ob. 1, 2
Ob. 3, 4
C. A.
Bsn 1
Bsn 2, 3
Dbsn
Hn 1, 2
Hn 4
Tpt in D
Tpt 1, 2
Tpt 3, 4
Tbn. 1, 2
B. Tbn.
Tba
Timp.
S.
A.
T.
B.
Hp
Pno 1
Pno 2
Vc.
Db.
marc.- secco
marc. ma non troppo
poco marc.
marc. - secco
Lau - da - te DO - MI - NUM
Lau - da - te DO - MI - NUM
Lau - da - te DO - MI - NUM
Lau - da - te DO - MI - NUM
gliss.
gliss.

135
Picc.
Fl. 1, 2
mf poco marc.
8va
Fl. 3, 4
mf poco marc.
8va
Ob. 1, 2
8va
Ob. 3, 4
mf poco marc.
mf poco marc.
Bsn 1
Bsn 2, 3
Dbsn
Hn 1, 2
1. solo
solo f ben marc.
Hn 3
f ben marc.
Hn 4
Tpt 1, 2
mf poco marc.
Tpt 3, 4
B. Tbn.
sempre poco sf
Timp.
S.
lau - da - te E - um.
A.
lau - da - te E - um.
T.
lau - da - te E - um.
B.
lau - da - te E - um.
Hp
Pno 1
8va
brillante
etc. marc.
Pno 2
brillante
etc. marc.
(8)
Vc.
Db.

140
Picc.
Fl. 1, 2
Fl. 3, 4
Ob. 1, 2
Ob. 3, 4
C. A.
Bsn 1
Bsn 2, 3
Dbsn
Hn 1
Hn 2
Hn 3
Hn 4
Tpt in D
Tpt 1, 2
Tpt 3
Tpt 4
Tbn. 1, 2
B. Tbn.
Tba
Timp.
Pno 1
Pno 2
Vc.
Db.
ff
a 2
f - stacc.
f - stacc.
f - stacc.
f - stacc.
sf
sf
(8)
sff
333

145
Meno
Picc.
Fl. 1, 2
Fl. 3, 4
Ob. 1, 2
Ob. 3, 4
C. A.
Bsn 1
Bsn 2, 3
Dbsn
Hn 1, 2
Hn 3
Hn 4
Tpt in D
Tpt 1, 2
Tpt 3, 4
Tbn. 1, 2
B. Tbn.
Tba
Timp.
Hp
Pno 1, 2
Vc.
Db.
ff
simile
a 2
Meno

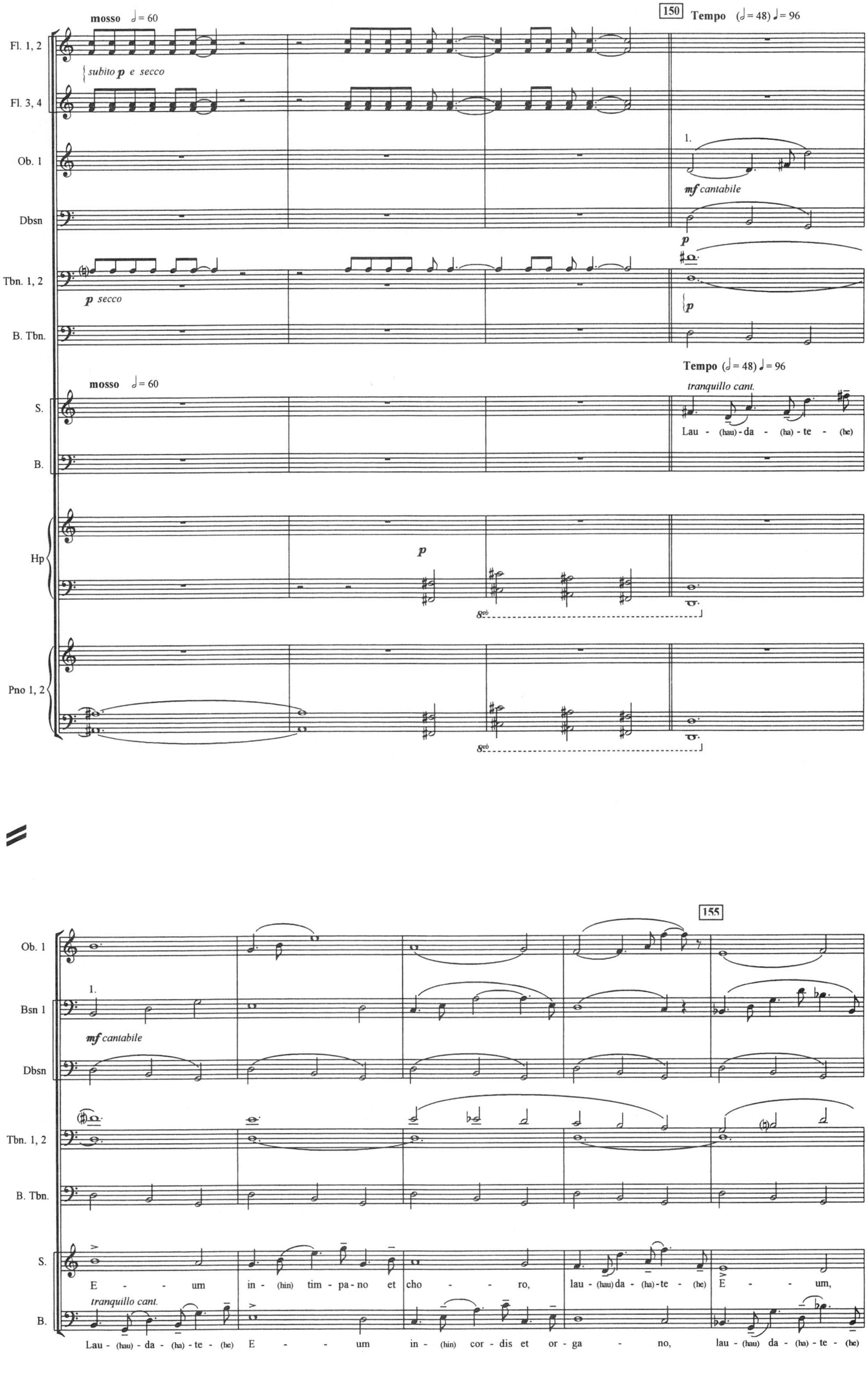

Lau - (hau) - da - (ha) - te - (he)
E - um in - (hin) tim-pa-no et cho - ro, lau-(hau) da-(ha)-te - (he) E - um,
Lau-(hau) - da-(ha) - te - (he) E - um in - (hin) cor - dis et or - ga - no, lau-(hau) da-(ha)-te - (he)

Fl. 1, 2
Fl. 3, 4
Fl. 5
Picc. = Flute 5
Ob. 1, 2
Ob. 3, 4
C. A.
Bsn 1, 2
Bsn 3
Dbsn
Hn 1, 2
Hn 3, 4
Tbn. 1, 2
B. Tbn.
Tba
S.
A.
T.
B.
Vc.
Db.
160
poco a poco crescendo
crescendo
a 2
poco marcato
cant. ma non f
poco a poco crescendo
lau-(hau)da-te E - um lau - da-te DO - MI - NUM, lau - da - te E - um in cor - dis et or - ga - no;
lau-(hau)da-(ha)te-(he) E - um in cor-dis et or-ga - no, lau-da-te, lau - da - te E - um;
lau-(hau)da - (ha)-te E - um, lau da-(ha)-te E-um in co-(ho)rdis in cor-dis et or - ga-no;
E - um, lau - (hau)-da-(ha)-te (he) lau - (hau) - da-(ha) te (he) lau-da-te, lau-da-te;

336

337

170
Tpt in D
Tpt 1
Tpt 2
Tpt 3
Tpt 4
Timp.
S.
Lau - da - te___ E - um___ in cym - ba - lis, ju - bi - la - ti - o - ni - bus.
A.
Lau - da - te E - um in cym - ba - lis, ju - bi - la - ti - o - ni - bus.
T.
non cresc.
Lau - da - te E - um in cym - ba - lis, ju - bi - la - ti - o - ni - bus.
B.
Lau - da - te E - um in cym - ba - lis, ju - bi - la - ti - o - ni - bus.
Hp
(8)
Pno 1, 2
(8)
Vc.
div a 3

175
180
Ob. 1
Ob. 2
Ob. 3
Ob. 4
C. A.
Timp.
S.
A.
T.
B.
Hp
Pno 1, 2
p
p
p
p
p
cres -
p poco a
Lau - da -
p poco a
Lau - da -
poco sfp poco sfp poco sfp , sempre simile , p poco a
Lau - da - te DO - MI - NU - (u)M, lau - da - te DO - MI - NUM lau - da -
poco sfp poco sfp poco sfp , sempre simile , p poco a
Lau - da - te DO - MI - NU - (u)M, lau - da - te DO - MI - NUM lau - da -
(8)
(8)

Fl. 1, 2
Fl. 3, 4
Fl. 5
Ob. 1
Ob. 2
Ob. 3
Ob. 4
C. A.
Hn 1, 2
Hn 3, 4
Tpt in D
Tpt 1
Tpt 2
Tpt 3
Tpt 4
Timp.
S.
A.
T.
B.
Hp
Pno 1, 2
Vc.
div a 3
185
190
mf
f
p sub.
a 2
a 2
p
cres - cen - do
p sub.
cres - cen - do
p sub.
cres - cen - do
p sub.
mf poco cres - cen - do
mf
mf
p
a 2
p
p
p
p
- cen - do ma non troppo
poco cres - cen - do
p sub.
- te E - - um O - mnis o - mnis spi - ri - tus lau - det
poco cres - cen - do
p sub.
- te E - - um O - mnis o - mnis spi - ri - tus lau - det
poco cres - cen - do
p sub.
- te E - - um O - mnis o - mnis spi - ri - tus lau - det
poco cres - cen - do
p sub.
- te E - - um O - mnis o - mnis spi - ri - tus lau - det
crescendo ma non troppo
p sub.
(8)
crescendo ma non troppo
p sub.
(8)
come sopra

Fl. 1, 2
Fl. 3, 4
Fl. 5
Ob. 1
Ob. 2
Ob. 3
Ob. 4
C. A.
Tpt in D
Tpt 1
Tpt 2
Tpt 3
Tpt 4
Timp.
S.
A.
T.
B.
Hp
Pno 1, 2
Vc.
div a 3
195
DO - MI - NUM, o - mnis spi - ri - tus lau - det, lau - det E -
DO - MI - NUM, o - mnis spi - ri - tus lau - det, lau - det E -
non cresc.
DO - MI - NUM, o - mnis spi - ri - tus lau - det, lau - det E -
DO - MI - NUM, o - mnis spi - ri - tus lau - det, lau - det E -
(8)
(8)

200
Fl. 1, 2
Fl. 3, 4
Fl. 5
Ob. 1
Ob. 2
Ob. 3
Ob. 4
C. A.
Tpt in D
Tpt 1
Tpt 2
Tpt 3
Tpt 4
Timp.
S.
- um.
A.
- um.
T.
- um.
B.
- um.
Hp
(8)
Pno 1, 2
(8)
Vc.
div a 3

205
Tempo I ♩= 48
210
Fl. 1, 2
p
Fl. 3, 4
p
Fl. 5
p
Ob. 1, 2
p
Ob. 3, 4
p
C. A.
p
Dbsn
p
Tpt 1, 2
p
B. Tbn.
p
Timp.
p
Tempo I ♩= 48
p
S.
Al - le - lu - ia.
Lau - da - te, DO - MI - NUM.
p
A.
Al - le - lu - ia.
Lau - da - te, DO - MI - NUM.
p
T.
Al - le - lu - ia. Lau - da - te, lau - da - te, lau - da - te, DO - MI - NUM.
p
B.
Al - le - lu - ia. Lau - da - te, lau - da - te, lau - da - te, DO - MI - NUM.
p
Hp
p
(8)
Pno 1, 2
p
(8)
8vb
Vc.
mf
Db.

32 The Lamb

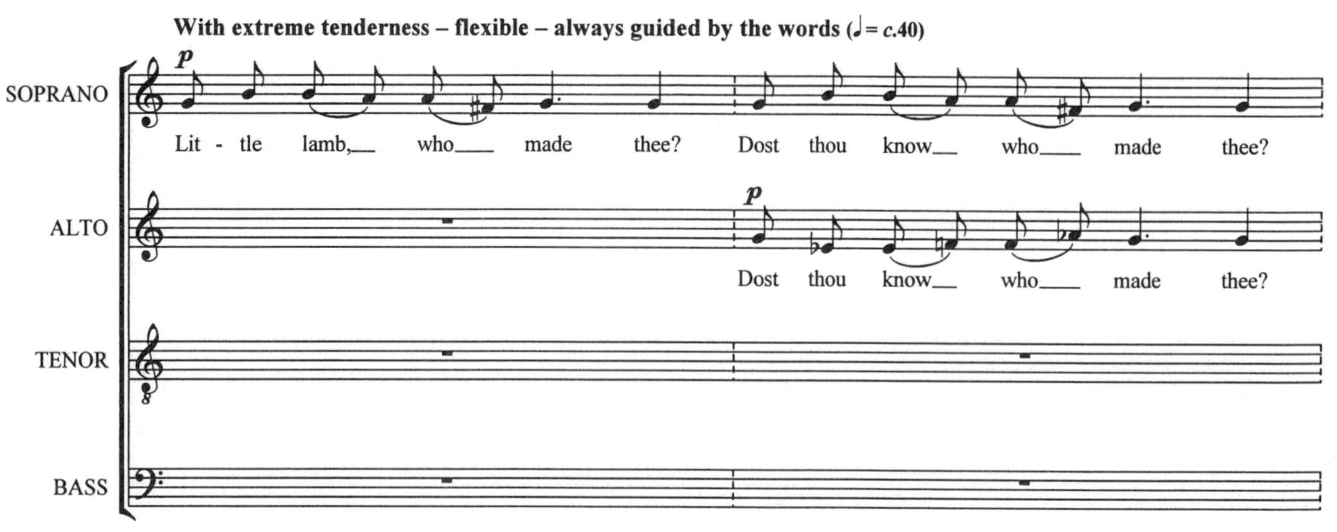

344

pp
Gave thee such a ten - der voice, Mak - ing all the vales re - joice?
pp
Gave thee such a ten - der voice, Mak - ing all the vales re - joice?
pp
Gave thee such a ten - der voice, Mak - ing all the vales re - joice?
pp
Gave thee such a ten - der voice, Mak - ing all the vales re - joice?
10
Lit - tle Lamb, who made thee? Dost thou know who made thee?
Lit - tle Lamb, who made thee? Dost thou know who made thee?
Lit - tle Lamb, who made thee? Dost thou know who made thee?
Lit - tle Lamb, who made thee? Dost thou know who made thee?
A tempo – moving forward
mp
Lit - tle Lamb, I'll tell thee, Lit - tle Lamb, I'll tell thee;
mp
Lit - tle Lamb, I'll tell thee, Lit - tle Lamb, I'll tell thee;
mp
Lit - tle Lamb, I'll tell thee, Lit - tle Lamb, I'll tell thee;
mp
Lit - tle Lamb, I'll tell thee, Lit - tle Lamb, I'll tell thee;
He is called by thy name, For he calls him - self a Lamb.
He is called by thy name, For he calls him - self a Lamb.
He is called by thy name, For he calls him - self a Lamb.
He is called by thy name, For he calls him - self a Lamb.

He is meek, and he is mild, He be-came a lit-tle child.
He is meek, and he is mild, He be-came a lit-tle child.
He is meek, and he is mild, He be-came a lit-tle child.
He is meek, and he is mild, He be-came a lit-tle child.
poco

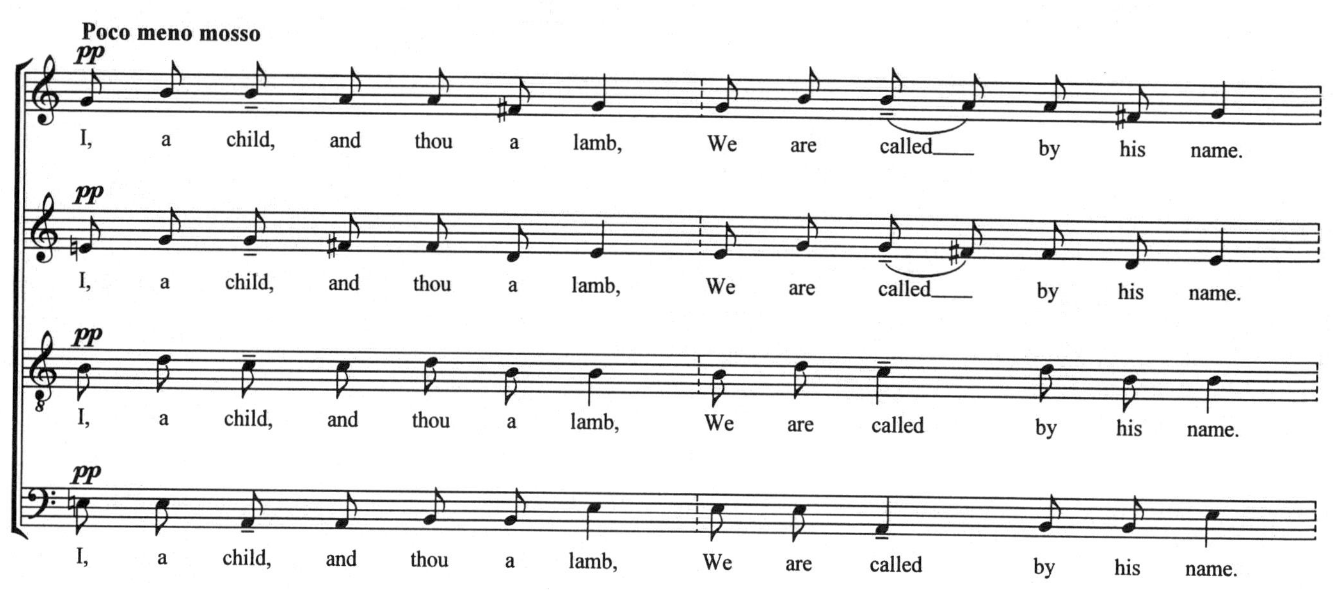

Poco meno mosso
pp
I, a child, and thou a lamb, We are called by his name.
pp
I, a child, and thou a lamb, We are called by his name.
pp
I, a child, and thou a lamb, We are called by his name.
pp
I, a child, and thou a lamb, We are called by his name.

20 Rit.
Lit-tle Lamb, God bless thee! Lit-tle lamb, God bless thee!
Lit-tle Lamb, God bless thee! Lit-tle lamb, God bless thee!
Lit-tle Lamb, God bless thee! Lit-tle lamb, God bless thee!
Lit-tle Lamb, God bless thee! Lit-tle lamb, God bless thee!

33 Flow my tears

John Dowland (c.1563–1626)

CD 3 track 11

The recording on the accompanying CD expands the instrumentation to include
a bass viol. The pitch is approximately a tone lower than modern pitch.

15
dayes, my wear - ie dayes Of all joyes have de - pri - ved.
- serts, for my de - serts Are my hopes, since hope is gone.

Harke you sha - dowes that in darck - nesse dwell, Learne to con-temne light.

20
Hap - pie, hap - pie they that in hell Feele
not the world's de - spite.

34 Sing we at pleasure

Thomas Weelkes (*c.*1575–1623)

CD 3 track 12

la. Sweet Love shall keep the ground, Whilst we his prai-ses sound, whilst
la. Sweet Love shall keep the ground, Whilst we his prai-ses sound,
la. Sweet Love shall keep the ground, shall keep the ground, Whilst we his prai-ses
la. Sweet Love shall keep the ground, Whilst we his prai-ses sound, whilst we his
la. Sweet Love shall keep the ground, Whilst we his prai-ses sound, whilst we

we his prai-ses sound, his prai-ses sound. All shep-herds in a ring Shall,
whilst we his prai-ses sound, his prai-ses sound. All shep-herds in a ring, in a
sound, whilst we his prai-ses sound. All shep-herds in a ring Shall,
prai-ses sound, whilst we his prai-ses sound, his prai-ses sound. All shep-herds in a ring Shall,
his prai-ses sound, his prai-ses sound. All shep-herds in a ring

dan-cing, e-ver sing, shall, dan-cing, e-ver sing, e-ver sing: Fa
ring Shall, dan-cing, e-ver sing, shall, dan-cing, e-ver sing: Fa
dan-cing, e-ver sing, shall, dan-cing, e-ver sing, shall, dan-cing, e-ver sing: Fa
dan-cing, e-ver sing, shall, dan-cing, e-ver sing, e-ver sing: Fa la la
Shall, dan-cing, e-ver sing, shall, dan-cing, e-ver sing: Fa

la la la la la la la la la la la la la la la la la la
la la la la la la la la la la la la la la la la
la la la la la la la la la la la la la
la la la la la la la la la la, fa la la la la la la la la la la la, fa la la
la la la la la la, fa la la la la la la la la la la la, fa la la la la la la
45

la la la la la la la la la. Sweet Love shall keep the ground,
la la la la la la la la la. Sweet Love shall keep the ground, Whilst
la la la la la la la. Sweet Love shall keep the ground, shall keep the
la la la la la la la la la la. Sweet Love shall keep the ground, Whilst we his
la la, fa la la la, fa la la la la. Sweet Love shall keep the ground, Whilst we
50 55

Whilst we his prai-ses sound, whilst we his prai-ses sound, his prai-ses sound. All
we his prai-ses sound, whilst we his prai-ses sound, his prai-ses sound. All
ground, Whilst we his prai-ses sound, whilst we his prai-ses sound. All
prai-ses sound, whilst we his prai-ses sound, whilst we his prai-ses sound, his prai-ses sound. All
his prai-ses sound, whilst we his prai-ses sound, his prai-ses sound. All
60

shep - herds in a ring, in a ring Shall, dan - cing, __ e - ver sing, shall,
shep - herds in a ring Shall, dan - cing, __ e - ver sing, shall, dan - cing, e - ver
shep - herds in a ring Shall, dan - cing, e - ver sing, shall, dan - cing, e - ver sing, shall,
shep - herds in a ring Shall, dan - cing, __ e - ver sing, shall, dan - cing, __ e - ver
shep - herds in a ring Shall, dan - cing, __ e - ver sing, shall,
dan - cing, __ e - ver sing: Fa la la la la la la la la la la la
sing, e - ver sing: Fa la la la la la la la la la la
dan - cing, e - ver sing: Fa la la la la la la la la
sing, e - ver sing: Fa la la la la la la la la la la la la la la, fa la la la la la
dan - cing, __ e - ver sing: Fa la la la la la la, fa la la la la la la, fa la la
la la la la la la la la la la la la la. _______
la la la la la la la la la la la la la la la. _______
la la la la la la la la la la la la la la. _______
la la la la la, fa la la la la la la la la la la la la la la. _______
la la la la la la la la la la, fa la la la, fa la la la la. _______

35 Ohimè, se tanto amate

Claudio Monteverdi (1567–1643)
text: Giovanni Battista Guarini

- ro un sol po - tre - te lan - gui - do e do - lo - ro - so, e do - lo - ro so ohi-
- ro un sol po - tre - te lan - gui - do e do - lo - ro - so, e do - lo - ro so ohi-
- ro un sol po - tre - te lan - gui - do e do - lo - ro - so, e do - lo - ro - so ohi -
- mè sen - ti - re S'io mo - ro un sol po - tre - te lan - gui - do
S'io mo - ro un sol po - tre - te lan - gui - do
- mè sen - ti - re S'io mo - ro un sol po - tre - te lan - gui - do e do - lo -
- mè sen - ti - re S'io mo - ro un sol po - tre - te lan - gui - do e do - lo - ro - so e do - lo -
S'io mo - ro un sol po - tre - te lan - gui - d'e do - lo - ro - so
e do - lo - ro - so ohi-mè sen - ti - re Ma se cor mio vo - le - te che vi - ta habbia da
e do - lo - ro so ohi-mè sen - ti - re Ma se cor mio vo - le - te che vi - ta habbia da
- ro - so ohi - mè sen - ti - re Ma se cor
- ro - so ohi - mè sen - ti - re Ma se cor mio vo - le - te che
e do - lo - ro so ohi - mè sen - ti - re Ma se cor mio vo -

voi e voi da me ha-vre-te ha-vre-te
voi e voi da me ha-vre-te ha-vre-te
mio vo-le-te che vi-ta habbia da voi e voi da me ha-vre-te ha-vre-te
vi-ta habbia da voi e voi da me ha-vre-te ha-vre-te
-le te che vi-ta hab-bia da voi e voi da me ha-vre-te ha-vre-te

ha-vre-te mil-l'e mil-le dolc' ohi-mè ohi-mè ohi-mè ohi-mè ohi-mè
ha-vre-te mil-l'e mil-le dolc' ohi-mè ohi-mè ohi-mè ohi-mè ohi-mè
ha-vre-te mil-l'e mil-le
ha-vre-te mil-l'e mil-le
ha-vre-te mil-l'e mil-le dolc' ohi-mè ohi-mè ohi-mè ohi-mè ohi-mè

ha-vre-te
ha-vre-te
dolc' ohi-mè ohi-mè ohi-mè ohi-mè ha-vre-te ha-vre-te mil-l'e mil-le dolc'ohi-mè ohi-mè ohi-
dolc' ohi-mè ohi-mè ohi-mè ohi-mè ha-vre-te ha-vre-te mil-l'e mil-le dolc' ohi-mè ohi-mè ohi-
-vre te ha-vre-te ha-vre-te mil-l'e mil-le dolc'ohi-mè ohi-mè ohi-

ha-vre-te mil-l'e mil-le dol-ci ohi-mè ohi-mè ohi-mè ohi-mè ohi-mè.
ha-vre-te mil-l'e mil-le dol-ci ohi-mè ohi-mè ohi-mè ohi-mè ohi-mè.
-mè ohi-mè ha-vre-te mil-l'e mil-le dol-ci ohi-mè o-hi-mè.
-mè ohi-mè ha-vre-te mil-l'e mil-le dol-ci ohi-mè ohi-mè ohi-mè.
-mè ohi-mè ohi-me.

36 'Thy hand, Belinda' and 'When I am laid in earth'
from Dido and Aeneas

Henry Purcell (1659–1695)

CD 3 track 14

The pitch on the accompanying CD is approximately a semitone lower than modern concert pitch.

laid in earth, may my wrongs cre - ate no trou - ble, no trou - ble in thy
breast. Re - mem - ber me, re - mem - ber me, but ah!
for - get my fate, re - mem - ber me, but ah! for - get my fate. Re - mem - ber me,

re - mem - ber me, but ah! for - get my fate, re - mem - ber me, but
ah! for - get my fate.
Ritornelle

37 My mother bids me bind my hair

CD 3 track 15

Joseph Haydn (1732–1809)
text: Anne Hunter

tie up_ my sleeves with rib-bands rare and lace,_ and lace my_ bo-dice_ blue!
I sit_ up-on this mos-sy stone and sigh,_ and sigh when_ none can_ hear.

For why, she cries, sit still and weep, while o-thers dance and
And while I spin my fla-xen thread and sing my sim-ple

play?
lay,

A-las! I scarce can go or creep, while Lu-bin is a-
the vil-lage seems a-sleep or dead: now Lu-bin is a-

way, a-las! I scarce can go or creep, while Lu-bin_ is a-
way, the vil-lage seems a-sleep or dead: now Lu-bin_ is a-

way, while Lu-bin is_ a-way, is a-way, is a-way.
way, now Lu-bin is_ a-way, is a-way, is a-way.

38 Der Doppelgänger

CD 3 track 16

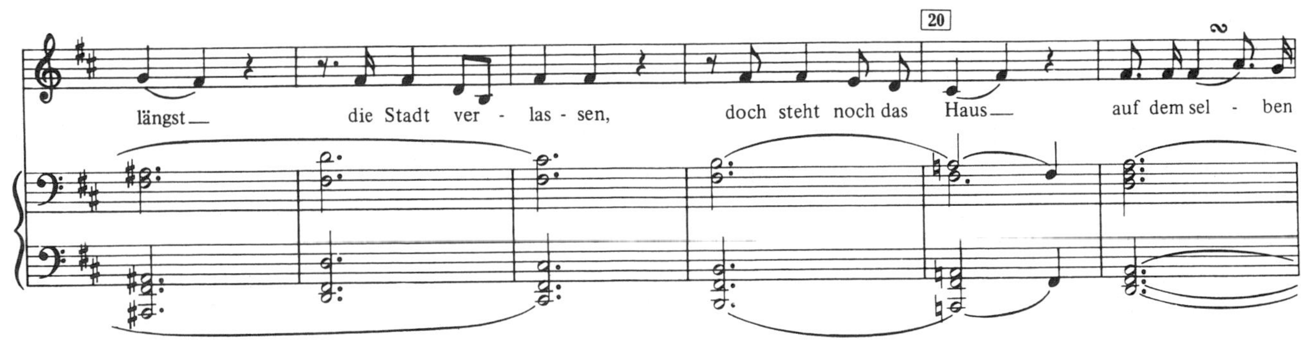

und ringt die Hän - de vor Schmer - zens-ge-walt; mir graust es,
wenn ich sein Ant-litz se - he, der Mond zeigt mir mei-ne eig' - ne Ge - stalt.
Du Dop - pel - gän - ger, du blei-cher Ge - sel - le! was äffst du nach mein
Lie - be -lied, das mich ge-quält auf die-ser Stel - le so man - che
Nacht, in al - ter Zeit?

39 Après un rêve

CD 3 track 17

Gabriel Fauré (1845–1924)
text: Romain Bussine

40 'Der kranke Mond' *from* Pierrot Lunaire

CD 3 track 18

Arnold Schoenberg (1874–1951)
text: Albert Giraud trans. Otto Erich Hartleben

molto dim.
tr
f
p
pp subito
Pfühl,— dein Blick, so fie - bernd ü - ber-gross, bannt mich, wie frem- de Me-lo-
f
pp
p
- die. An un - still - ba - rem
pppp
dim.
molto dim.
ppp
Lie - bes-leid stirbst du, an Sehn-sucht, tief er-stickt, du näch - tig to - des-kran-ker
p
p
Mond,— dort auf des Him-mels schwar-zem Pfühl.—
f
fp
p
Den Lieb - sten, der im Sin-nen-rausch ge-dan-ken-los zur Lieb - sten geht, be-lus-tigt dei-ner Strah-len Spiel, dein
rit.
(im Ton genau so wie der vorhergehende Takt)
(dieser Takt anders, aber doch nicht tragisch!!)
Schluss
des I
Teils.
blei-ches, qual-ge-bor-nes Blut, du näch - tig to - des - kran - ker Mond!

365

41 'Summertime' *from* Porgy and Bess

CD 3 track 19

George Gershwin (1898–1937)
text: Dubose Heyward

20
hush, lit - tle ba - by, don' yo' cry.
poco animato
mf espr.
8va

25
poco rit.
3
Tempo I
One of these morn - in's you goin' to rise_up sing - in', Then you'll
WOMEN'S VOICES p espr.
Ooh ooh
Tempo I
(8)
Solo Violin
pp
poco rit.

30
spread yo' wings_ an' you'll take_ the sky. But till that
ooh
ooh ooh ooh ooh
3

35
morn - in'________ there's a noth - in' can harm you____________ With
ooh____________________ ooh____________
40
Dad - dy an' Mam - my stand - in' by.____________
ooh________________________ ah________
mf
mp
45
dim. ten.
dim. ten.
dim.
ten.
ten. a tempo

42 Passport To Pimlico (1948): The Siege of Burgundy

CD 4 track 1

Georges Auric

This score follows the 3-stave form of the composer's own short score.

Headline: 'Burgundy Issue Splits Britain'
Political meeting in Hyde Park
Violins
Brass
Strings
Cellos/Basses
Strings/Bassoon
Trafalgar Square
Strings
W.W.
Strings
W.W.
Picc./Flute
Violins
Picc./Flute
Violins
Clarinets
Bassoon
Basses
Bassoon/Cellos/Basses
Headline: 'Anglo-Burgundian Talks Open:
government yields to public pressure'
[This music is edited out of the film soundtrack]
Rit.
Più andante
A tempo
Brass
Violins
Strings
Pizz.
Bassoon
Picc./Glock.
Cellos/Basses

370

[Music fades back in on the edited soundtrack]
Headline: 'Talks Still Hinge on Treasury'
(W.W.)
Violins
Violas
Brass
f
Basses

Headline: 'Burgundians Use Veto'
Headline: 'Nation's Gifts Flood Burgundy'
30 Violins
Violins/Violas
Horns
Tubular Bell
Horn
p
Low Strings/Bassoon

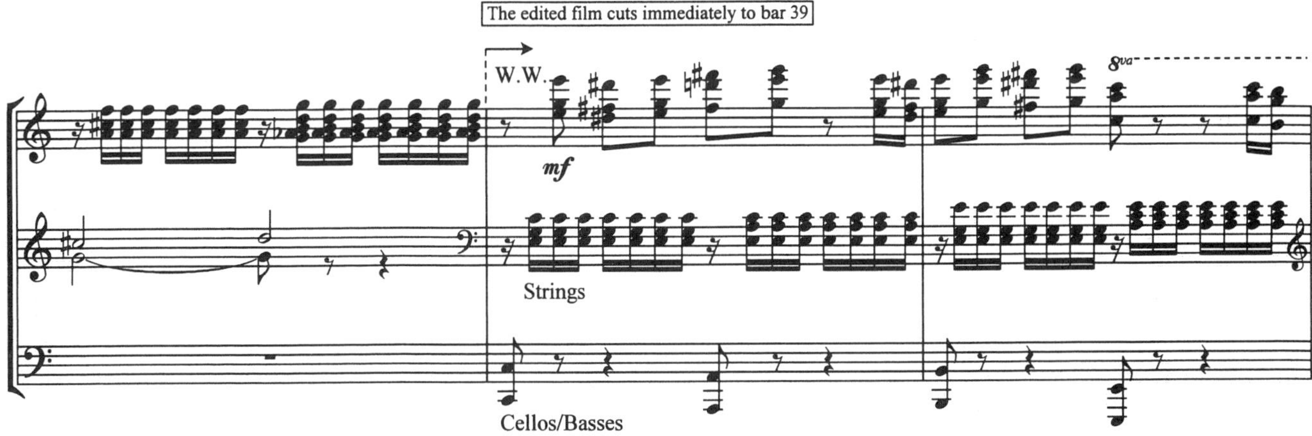

The edited film cuts immediately to bar 39
W.W.
8va
mf
Strings
Cellos/Basses

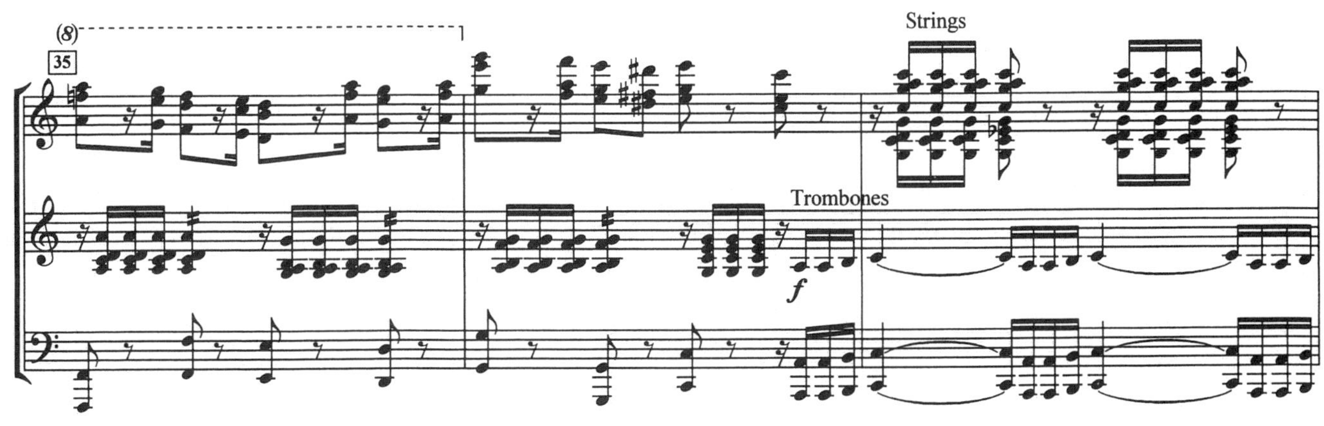

Strings
(8)
35
Trombones
f

Presents (donated and labelled from areas of London)
W.W. (Flute/Oboe)
40
f
Clarinet
tr
tr
tr
tr
Bassoon
+ Timp.   Cellos/Basses
Strings
8va
W.W.
8va
ff
Trumpet (con sord.)
Trumpet
Clarinet
Strings
The presents are unwrapped
(8)
45
Trumpet
Strings
Brass
f
Display board, showing presents received
Strings
3
3
50
3
3
ff
Trumpet
W.W.
Timp.   Timp.
Timp./Cymbal   Timp./Cymbal

Headline:
'Talks: Deadlock Complete'
Council meeting
Headline: 'Airlift for Burgundy'
A helicopter flies in
♩ = 60
W.W.
Trumpets
Picc./Celesta
55
Strings
Horns
Violas
Horns
Horns
mf
f
Horn
Cellos/Basses
Pizz. Strings

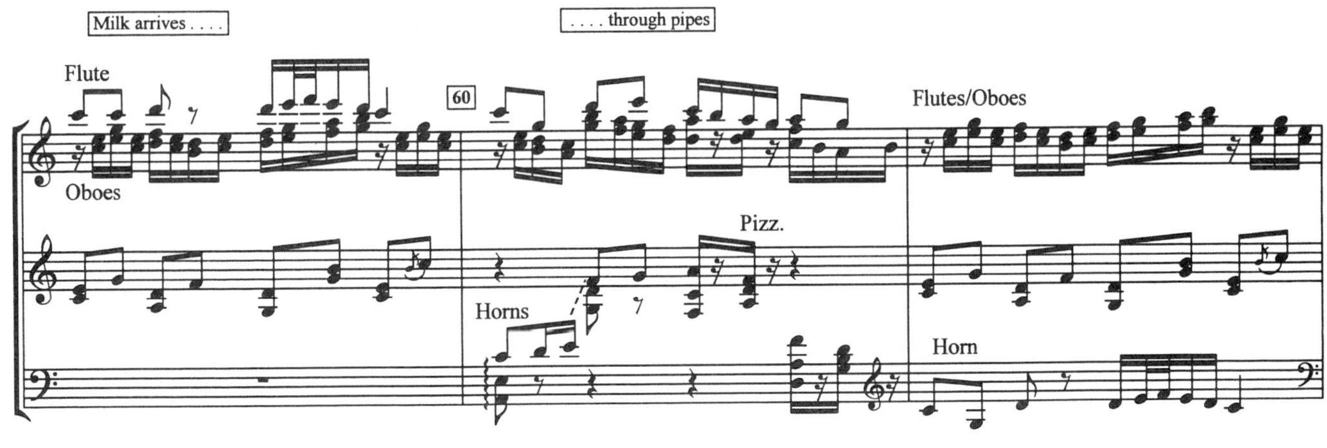

Flute/Celesta
8va

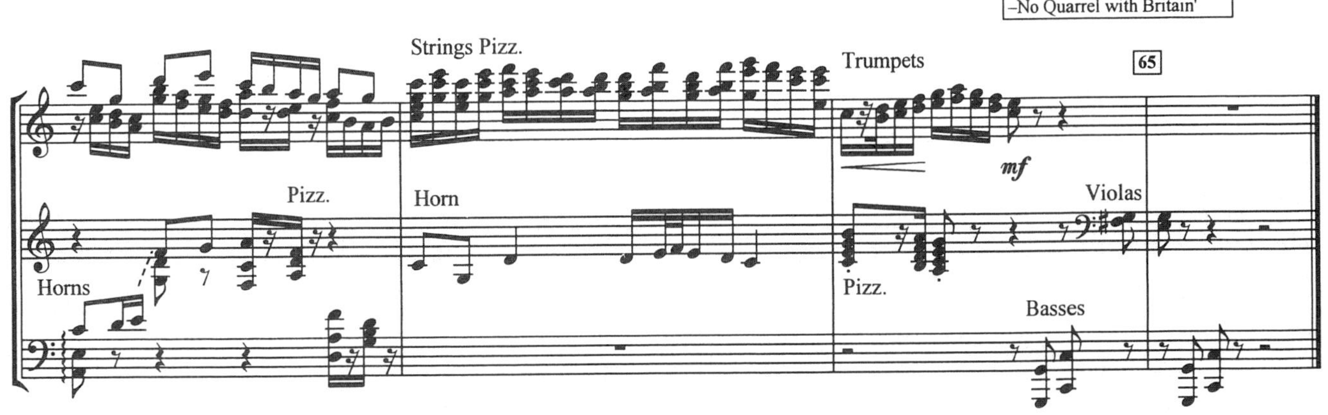

Milk arrives . . . .
. . . . through pipes
Flute
60
Flutes/Oboes
Oboes
Pizz.
Horns
Horn
Headline: 'Door Is Still Open
–No Quarrel with Britain'
Strings Pizz.
Trumpets
65
Pizz.
Horn
mf
Violas
Horns
Pizz.
Basses

43 On the Waterfront (1954): Symphonic Suite (opening)

Leonard Bernstein

CD 4 track 2

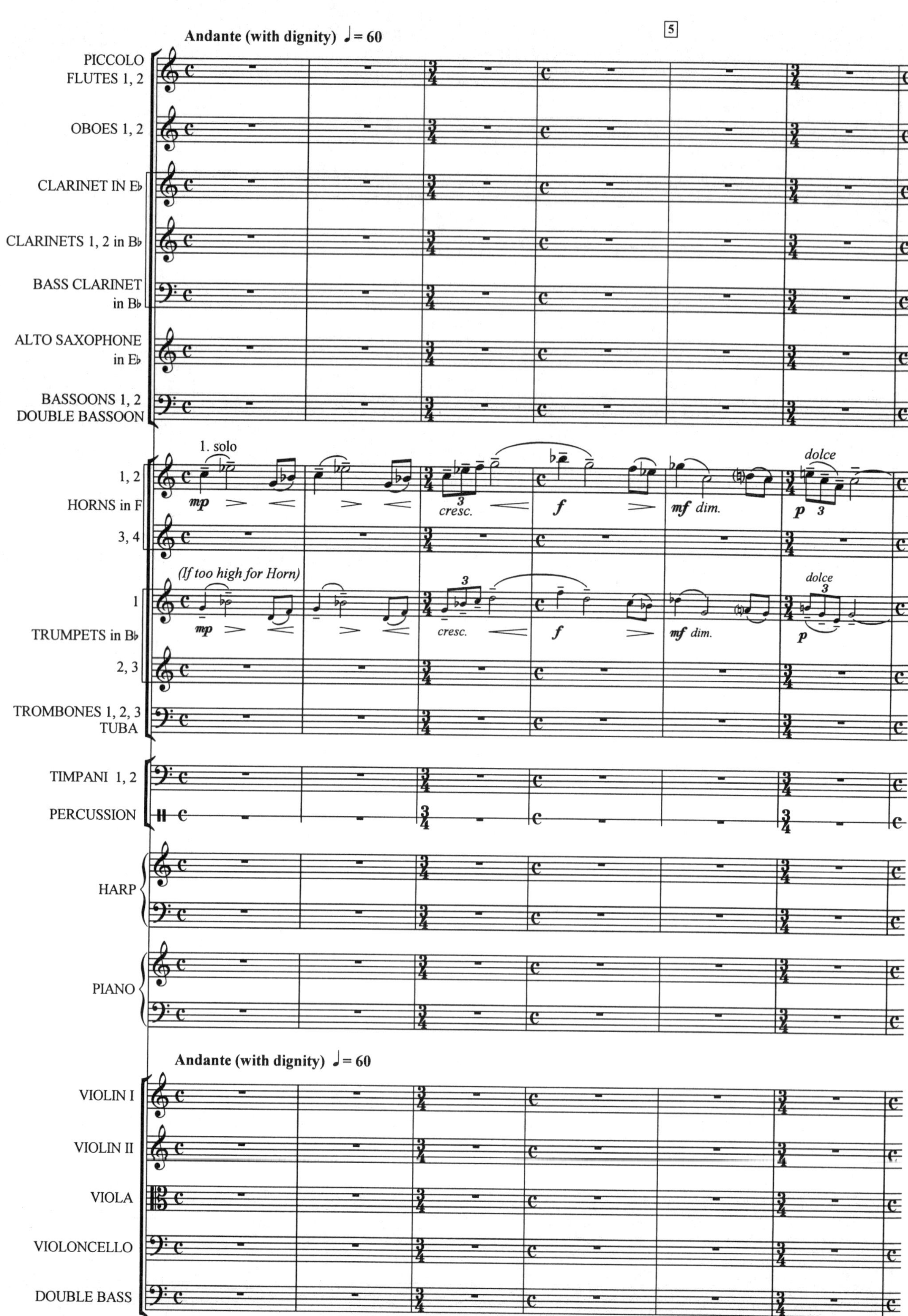

Fl. 1, 2
p semplice
3
mf
mf dim.
10
Hn 1
Tpt 1
Tbn. 1
solo
con sord.
mp dolce
cresc.
3
f
mf dim.
15
Fl. 1, 2
p 3
(If too high for Tpts)
Ob. 1, 2
p lontano
pp
ppp
sub-tone
Cl. 1, 2
p
pp
sub-tone
ppp
B. Cl.
p
pp
ppp
Tpt
con sord.
1
p lontano
pp
ppp
con sord.
2
p lontano
pp
ppp
Tbn. 1
Hp
p
pp
Rall.
20
Presto barbaro
Ob. 1, 2
Cl. 1, 2
B. Cl.
Tpt 1
hard sticks
Timp. 1
p
Pno
una corda
p stacc.
8vb

* If there are enough timpani available, it is preferable that these two notes (^{1}B♮ & B♭: ^{2}G & F♯) be played on two separate drums.

40
A. Sax.
solo
fff crudely
Timp.
1
f
meno f
2
f
meno f
Perc.
choke
f
f
meno f
Pno
ff
(8)
pizz.
Vc.
pizz. ff
Db.
ff
45
A. Sax.
Timp.
1
2
Perc.
50
A. Sax.
con sord.
Tpt 2
ff
pp
sffz
sffz
Timp.
1
2
Perc.
S.D. rim shot
mf
377

55
Picc.
fff
Fl. 1, 2
a 2
fff
Ob. 1, 2
a 2
fff
Eb Cl.
fff
Cl. 1, 2
a 2
fff
Tpt 1
con sord.
ff
Timp.
1
cresc.
2
cresc.
Perc.
Cym.
ff
cresc.
Vln I
ff
Vln II
ff
Vla
ff
Vc.
arco
ff
Db.
pizz.

60
65
Picc.
Fl. 1, 2
Ob. 1, 2
mp
cresc.
E♭ Cl.
Cl. 1, 2
mp
cresc.
Bsn 1, 2
a 2
mp
cresc.
Hn 1, 2
p
cresc.
Tpt
1
con sord.
3
ff
Timp.
1
2
Perc.
ff
mp
cresc.
Vln I
p
cresc.
Vln II
p cresc.
Vla
p cresc.
Vc.
p cresc.
Db.
arco
p cresc.

70
Picc.
Fl. 1, 2
Ob. 1, 2
Cl. 1, 2
Bsn 1, 2
Dbsn
Hn 1, 2
Perc.
Vln I
Vln II
Vla
Vc.
Db.
f
p poco a poco cresc.
dim.

75
Picc.
Fl. 1, 2
Ob. 1, 2
E♭ Cl.
Cl. 1, 2
Bsn 1, 2
Dbsn
Hn 1, 2
3, 4
Tpt 1–3
Tbn. 1, 2
3/Tba
Timp. 2
Perc.
Vln I
Vln II
Vla
Vc.
Db.
mp cresc.
mf
f
a 2
open
1, 2.
open
p cresc. molto
Tuba
tr
tr
p cresc.
(mf)
cresc. molto
2.

80
Picc.
Fl. 1, 2
Ob. 1, 2
E♭ Cl.
Cl. 1, 2
Bsn 1, 2
Dbsn
Hn 1–4
Tpt 1–3
Tbn.
3/Tba
Timp. 1, 2
Perc.
Cym.
Dr.
Pno
Vln I
Vln II
Vla
Vc.
Db.
1, 3
2, 4
1, 2
3.
a 2
div.
ff

Picc.
Fl. 1, 2
Ob. 1, 2
E♭ Cl.
Cl. 1, 2
Bsn 1, 2
Dbsn
Hn 1–4
Tpt 1–3
Tbn. 1, 2
3/Tba
Timp. 1, 2
Perc.
S.D. rim shots
Pno
Vln I
Vln II
Vla
Vc.
Db.
ff
85

90
Picc.
Fl. 1, 2
Ob. 1, 2
E♭ Cl.
Cl. 1, 2
Perc.
S.D. ord.
sub.
mp
Xylo.
Vln I / II
sffz-p
fff
fff
fff
fff
fff
ff
sffz-p
95
Picc.
Fl. 1, 2
Ob. 1, 2
E♭ Cl.
Cl. 1, 2
Hn 1–4
Tpt 1, 2
Timp. 1, 2
Perc.
Vln I / II
fff
fff
fff
fff
fff
sffz-p
cresc.
sffz-p
cresc.
1, 3
2, 4
ff
pp
1. marc.
a 2
mp
mp cresc.
mp cresc.
ff
ff
sffz-p
sffz-p

(dura come 3/2)
100
105
long
Picc.
flutt.
f
cresc. molto
8va
long
Fl. 1, 2
flutt.
f
cresc. molto
long
Ob. 1, 2
flutt.
cresc. molto
long
Eb Cl.
f cresc. molto
long
Cl. 1, 2
cresc. molto
long
1, 3
Hn 1–4
2, 4
f cresc.
long
Tpt 1, 2
flutt.
long
Timp. 1, 2
mf cresc.
f cresc.
ff
long
Perc.
mf cresc.
f cresc.
ff
Cym.
long
p cresc.
(dura come 3/2)
long
Vln I
f cresc. molto
long
Vln II
f cresc. molto

Adagio ♩ = 76
Picc.
Fl. 1, 2
Ob. 1, 2
E♭ Cl.
Cl. 1, 2
Bsn 1, 2
Dbsn
Hn 1–4
Tpt 1–3
Tbn. 1, 2
3/Tba
Timp. 1, 2
Perc.
Cym.
Xylo.
S.D.
Vln I
Vln II
Vla
Vc.
Db.
Adagio ♩ = 76
a2
a 4
1, 3
2, 4
1, 2
a 2
sffz–p cresc.
p cresc.
div.
sul pont.
unis.
fff
ff
fff
ppp

110
Picc.
Fl. 1, 2
Ob. 1, 2
Eb Cl.
Cl. 1, 2
Bsn 1, 2
Dbsn
Hn 1–4
Tpt 1–3
1, 2
Tbn.
3/Tba
Timp. 1, 2
Perc.
Vln I
Vln II
Vla
Vc.
Db.
a 4
1, 3
2, 4
a 2
p cresc.
sffz-p   cresc.
non div.
unis.
div.

44 Planet of the Apes (1968): The Hunt (opening)

CD 4 track 3

Jerry Goldsmith

Where the oboe parts are marked 'E.H.' ('English horn') they are to be played on cor anglais, sounding a fifth lower.

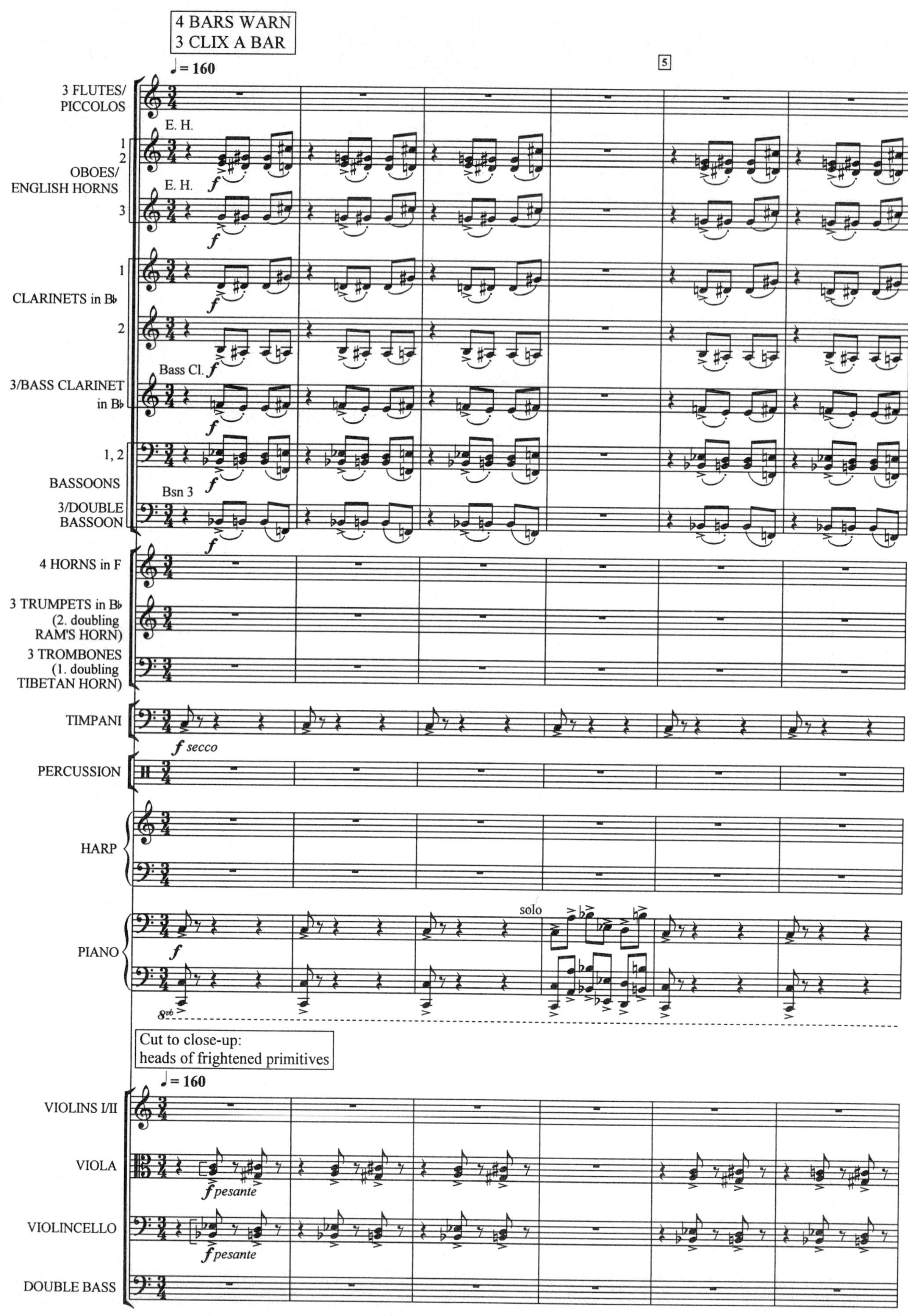

10
1, 2 to Oboe
1, 2
E.H.
3
1
Cl
2
B. Cl.
solo
f
1
Bsn
2, 3
f
f
Hn 1, 3
a 2 wood mute
f
ff
Timp.
Perc.
Boo Bams
f
Pno
(8)
Vla
f
Vc.
f
Db.
f

Fl. 1, 2
Picc.
B. Cl.
Bsn
1
2, 3
Perc.
Xylo.
Hp
Pno
marcato
Vln I/II
enter pp then crescendo molto
div.
Vla
div. pizz.
Vc.
div. pizz.
Db.
pizz.
a 2

15
Fl. 1, 2, Picc
a 3
Perc.
Conga Drum: use felt mallets
mf
Xylo.
Hp
f
Pno
unis.
div.
Vln I/II
pp sub.
ff
Vla
f
Vc.
div.
f
Db.
f
20
Fl. 1, 2, Picc
a 3
Piccolo to Flute 3
f
Perc.
3
3
Pno
unis.
div.
Vln I/II
pp sub.
ff
Vla
f
Vc.
f
Db.
f

a 2
25
Ob. 1, 2
f
E. H.
f
a 2
Cl. 1, 2
f
B. Cl.
a 3
Bsn 1, 2, 3
str. mute
1
Tbn.
mp
ff
mp
a 2 str. mute
2, 3
mp
ff
mp
Timp.
ff
S.D.
Perc.
ff
Electric Harp
very dry & brittle
marc.
marc.
Hp
f
div.
Vln I/II
f
arco
Vla
f
arco
Vc.
f
pizz.
Db.
sempre p

30
Ob. 1, 2
marc.
E. H.
marc.
Cl. 1, 2
marc.
B. Cl.
Bsn 1, 2, 3
Tbn.
1
ff
mp
2, 3
ff
a 2
mp
Timp.
ff
Perc.
ff
Hp
Pno
Vln I/II
div.
Vla
Vc.
Db.

35
Ob. 1, 2
E. H.
Cl. 1, 2
B. Cl.
Bsn 1, 2, 3
Tbn.
1
2, 3
ff
ff
Timp.
Perc.
Hp
Pno
Vln I/II
Vla
Vc.
Db.

1, 2
Fl.
3
Flute
a 2
Ob. 1, 2
a 2
E. H.
Cl. 1, 2
a 2
B. Cl.
Bsn 1, 2, 3
a 3
Tbn. 1–3
a 3
1. to Tibetan Horn
Timp.
Perc.
Hp
Pno
Vln I/II
div.
f
Vla
Vc.
div.
Db.
40

1, 2
Fl.
3
3. to Piccolo
Ob. 1, 2
E. H.
Cl. 1, 2
B. Cl.
1
Bsn
2, 3
3. to Double Bassoon
a 2
str. mute
1, 3
Tpt
str. mute
2
B. D.
Perc.
S. D.
Pno
(div.)
Vln I
(div.)
Vln II
Vla
div.
Vc.
(div.)

45
1, 3
Hn
2, 4
Tpt 2
Tbn. 2, 3
Timp.
Perc.
Hp
Pno
Vln I/II
Vla
Vc.
Db.
fp
f
fp
f
2. to Rams Horn
str. mute
Xylo.
3
f
marc.
unis. pizz.
3
div. pizz.
div. a 3 arco
div. pizz.

1, 3
Hn
2, 4
Tbn. 2, 3
Mutes off
Perc.
Hp
Pno
Vln I/II
Vla
Vc.
Db.
50
fp
f

Electric Bass Clarinet   squeaks (approximate notation)
B. Cl.
Double Bassoon
Dbsn
ff
1, 3
Hn
a 2
mf
2, 4
a 2
mf
fp
f
Ram's Horn
solo (actual pitch)
Tpt 2
f
Tibetan Horn
Tbn. 1
ff
hard stick
Timp.
Timbales   side drum sticks
Friction Drum
Perc.
Bass Resin Drum
Electric Harp   with slow reverb & buzz
Hp
f
8vb
Pno
Vln I/II
Vla
Vc.
div.
arco
Db.
ff

55
Fl. 1, 2
Picc.
Ob. 1, 2
Cl. 1, 2
B. Cl.
Bsn 1, 2
Dbsn
Hn 1–4
Tpt 1, 3
Tpt 2
Tbn. 1
Tbn. 2, 3
Timp.
Perc.
Hp
Vln I
Vln II
Vla
Vc./Db.
a 2
a 2
a 2
a 2
a 2
a 4
plungers in
open
plungers in
open
a 2 plungers in
open
flutter
marc.
marc.
Bass Dr.
arco 10 players
arco 6 players
arco unis.
unis.

60
1, 2 to Piccolo
Fl. 1, 2
Picc.
Ob. 1, 2
E. H.
Cl. 1, 2
B. Cl.
Bsn 1, 2
Dbsn
Hn 1–4
change to straight mutes
1, 3
Tpt
2
1
Tbn.
2, 3
Timp.
Perc.
Hp
marcato
f
Pno
Vln I
unis.
Vln II
Vla
pizz.
Vc./Db.

str. mute   a 2
Tpt 1, 3
fp
Perc.
(Electric)   slow reverb
Hp
Pno
Vla
Vc./Db.
Piccolo 1–3
65
Picc. 1–3
f
Tpt 1, 3
f
Perc.
Xylo.
Hp
Pno
loco
Vln I/ II
ff
Vla
Vc./Db.

Picc. 1–3
a 3
Tpt 1, 3
fp
Perc.
Hp
Pno
Vln I
harmonics
Vln II
harmonics
Vla
Vc.
Db.
403

70
a 3
Picc. 1–3
Tpt 1, 3
fp
Perc.
Hp
Pno
Vln I
harmonics
Vln II
harmonics
Vla
Vc.
Db.
404

75
Picc. 1–3
1, 2 to Flute
Hn
1, 3
a 2   wood mute
2, 4
a 2   wood mute
Tpt 1, 3
Perc.
Hi Vibra Slap
Hp
Pno
Vln I
naturale
6
Vln II
naturale
6
Vla
6
Vc.
arco
6
Db.

80
Perc.
Vln I
Vln II
Vla
Vc.

8va
85
Fl. 1, 2
Picc.
8va
Perc.
S. D.
mp
f
mp
8va
Pno
(loco) secco
non div.
Vln I
non div.
Vln II
Vla
Vc.

Fl. 1, 2
Picc.
E. H.
Bsn 1
Dbsn
Perc.
Pno
Vln I
Vln II
Vla
Vc.
Db.
90
f
mp

45 ET (1982): Flying Theme

John Williams

CD 4 track 4

5
Fl. 1, 2
Ob. 1, 2
a 2
mf
Cl. 1, 2
Bsn 1, 2
Hn
1, 2
3, 4
Timp.
Pno
Vln I/II
Vla
unis.
Vc.
unis.
Db.

Fl. 1, 2
Ob. 1, 2
Cl. 1, 2
Bsn 1, 2
Hn
1, 2
3, 4
Tbn. 1–3
Tba
Pno
Vln I/II
Vla
Vc.
Db.
10
ff
ff
ff
ff
mf
mf
f
mf
f
mf
sfz
sfz
ff
ff
ff
ff

Fl. 1, 2
Ob. 1, 2
Cl. 1, 2
Bsn 1, 2
Hn
1, 2
3, 4
Tbn. 1–3
Tba
Pno
Vln I/II
Vla
Vc.
Db.
sfz
sfz

15
Fl. 1, 2
Ob. 1, 2
Cl.
1
2
Bsn 1, 2
Hn
1, 2
3, 4
Tbn. 1–3
Tba
Pno
Vln I/II
Vla
Vc.
Db.
mf
mf
mf
f
mf
mf
pizz.
mf
pizz.
mf

Fl. 1, 2
Cl.
1
2
Bsn 1, 2
Tbn. 1–3
Pno
Bells
Vln I/II
Vla
Vc.
Db.
20
(opt.)
8va
f
mf
mf
f
414

Fl. 1, 2
(opt.)
8va
loco
Cl.
1
2
Bsn 1, 2
Tbn. 1–3
Pno
Bells
Vln I/II
Vla
Vc.
Db.

soli – a 2
Fl. 1, 2
f
Bsn 1, 2
a 2
f
Pno
mp
mf
mp
Vln I/II
mp
mf
mp
Vla
mp
mf
mp
arco
Vc.
f
arco
Db.
mp
mf
mp
25
30
Fl. 1, 2
Bsn 1, 2
mp
Hns 1–4
a 4
mp
Tpt 1–3
a 3
mp
Tbn. 1–3
Tuba
mp
Pno
mf
mp
Vln I/II
mf
mp
Vla
mf
mp
Vc.
mp
Db.
mf
mp

Fl. 1, 2
Ob. 1, 2
Cl. 1, 2
Bsn 1, 2
Hns
Tpt 1–3
Tbn. 1–3
Tuba
Timp.
Perc.
Pno
Vln I/II
Vla
Vc.
Db.
a 2
a 2
a 2
a 4
a 3
D, E♭
Sus. Cym.
mf
cresc.

35
Fl. 1, 2
Ob. 1, 2
Cl. 1, 2
Bsn 1, 2
Hn 1, 2
3, 4
a 2
Tpt 1, 2
a 2
3
Tbn. 1–3
Tba
Pno
Bells
Vln I
Vln II
Vla
Vc.
Db.
pizz.
a 2
a 2
f

40
Fl. 1, 2
Ob. 1, 2
Cl. 1, 2
Bsn 1, 2
Hn 1, 2
Hn 3, 4
Tpt 1, 2
Tpt 3
Tbn. 1–3
Tba
Pno
Bells
Vln I
Vln II
Vla
Vc.
Db.
pizz.
mf
f

45
Fl. 1, 2
Ob. 1, 2
Cl. 1, 2
Bsn 1, 2
Hn
1, 2
3, 4
Tpt
1, 2
3
Tbn.
1, 2
3
Tba
Pno
Vln I
Vln II
Vla
Vc.
Db.
a 2
f
a 2
f
a 2
f
sfz
sfz
div.
sfz
arco
sfz
421

Fl. 1, 2
Ob. 1, 2
Cl. 1, 2
Hn 1, 2
Hn 3, 4
Tpt 1, 2
Tpt 3
Tbn. 1, 2
Tbn. 3
Tba
Pno
Vln I
Vln II
Vla
Vc.
Db.
pizz.
arco
pizz.
unis.
f

50
Fl. 1, 2
Ob. 1, 2
Cl. 1, 2
a 2
a 2
a 2
a 2
Hn
1, 2
3, 4
Tpt
1, 2
3
f
f
f
f
1, 2
Tbn.
3
Tba
Pno
arco
arco
arco
arco
Vln I
Vln II
Vla
Vc.
Db.

Fl. 1, 2
Ob. 1, 2
Cl. 1, 2
Bsn 1, 2
Hn 1, 2
Hn 3, 4
Tpt 1–3
Tbn. 1–3
Tba
Timp.
Perc.
Pno
Vln I
Vln II
Vla
Vc.
Db.
55
ff
f
(a 2)
Ab, Eb
Sus. Cym.
Crash Cym.
div.
arco

424

Fl. 1, 2
Ob. 1, 2
Cl. 1, 2
Bsn 1, 2
Hn 1, 2
Hn 3, 4
a 2
ff
a 2
ff
Tpt 1–3
mf
Tbn. 1–3
Tba
Timp.
C, E♭
f
Perc.
Sus. Cym.
Crash Cym.
f
Pno
mf
Vln I
Vln II
Vla
Vc.
Db.

65
Fl. 1, 2
Ob. 1, 2
Cl. 1, 2
Bsn 1, 2
Hn
1, 2
3, 4
Tpt 1–3
Tbn. 1–3
Tba
Pno
Vln I
Vln II
Vla
Vc.
Db.

[rall.]
Brillante
70
Fl. 1, 2
Ob. 1, 2
Cl. 1, 2
Bsn 1, 2
Hn
1, 2
3, 4
a 2
a 2
Tpt 1–3
a 3
Tbn.
1, 2
3
a 2
Tba
Timp.
G, E♭
Pno
[rall.]
Brillante
Vln I
Vln II
Vla
Vc.
Db.
f
f
f
f
f
f > p
f
f > p
f > p

75
Fl. 1, 2
Ob. 1, 2
Cl. 1, 2
Bsn 1, 2
Hn 1, 2
Hn 3, 4
Tpt 1-3
Tbn. 1-3
Tba
Timp.
Pno
Bells / Chimes
Vln I
Vln II
Vla
Vc.
Db.
a 2
fff
ff
opt.
sffz
div.
Bells
Chimes
f

Rall.
80
Fl. 1, 2
Ob. 1, 2
Cl. 1, 2
Bsn 1, 2
Hn
1, 2
3, 4
Tpt 1, 2
3
Tbn. 1–3
Tba
Timp.
Pno
Bells /
Chimes
Chimes
Vln I
Vln II
Vla
Vc.
Db.
fff
fff
fff
sffz
sffz
sffz
sffz
sffz
sffz
sffz
sffz
sffz
ff
ff
ff
sffz
sffz
f
f
f
mf
mf
mf
mf
mf
mf
mf
Rall.

85
Fl. 1, 2
1. solo
mp
3
p
Bsn 1, 2
Hn
1, 2
p
3, 4
p
Tpt 1, 2
3
1. solo
mp
3
p
Tbn. 1–3
p
Tba
Pno
(cue Bells)
mf
Bells
solo
mf
Vln I
p
Vln II
p
Vla
p
Vc.
Db.

46 Morse on the Case (1986)

CD 4 track 5

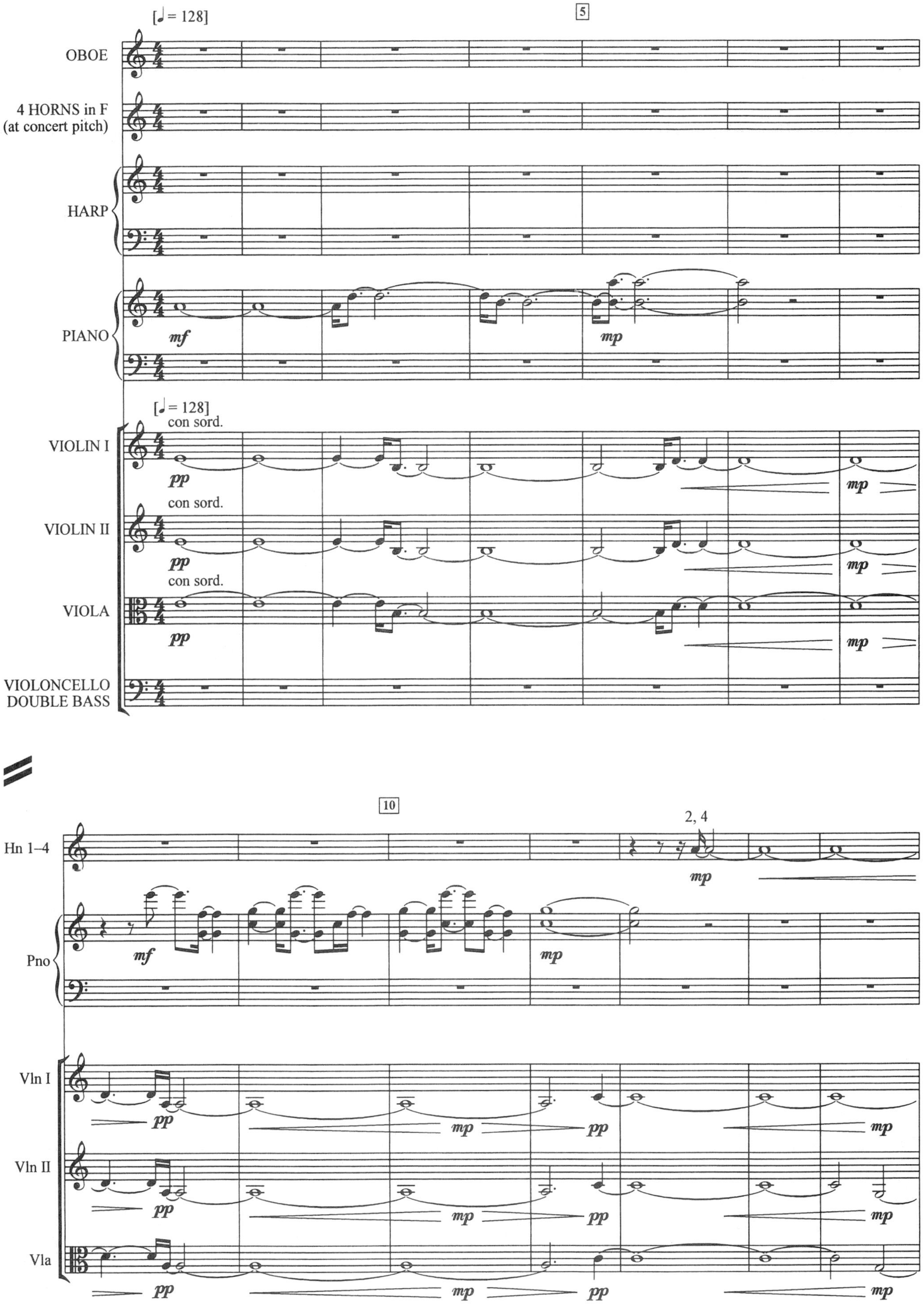

15
20
Hn 1–4
mf
pp
Pno
mf
mp
mf
mp
Vln I
pp
p
Vln II
pp
p
Vla
pp
p
25
30
Hn 1–4
mp
mf
Pno
mf
mp
Vln I
pp
Vln II
pp
Vla
pp
3.

35
Hn 1–4
p
mf
p
Pno
mf
mp
Vln I
mp
Vln II
mp
Vla
mp
40
45
Pno
mf
Vln I
p
Vln II
p
Vla
p

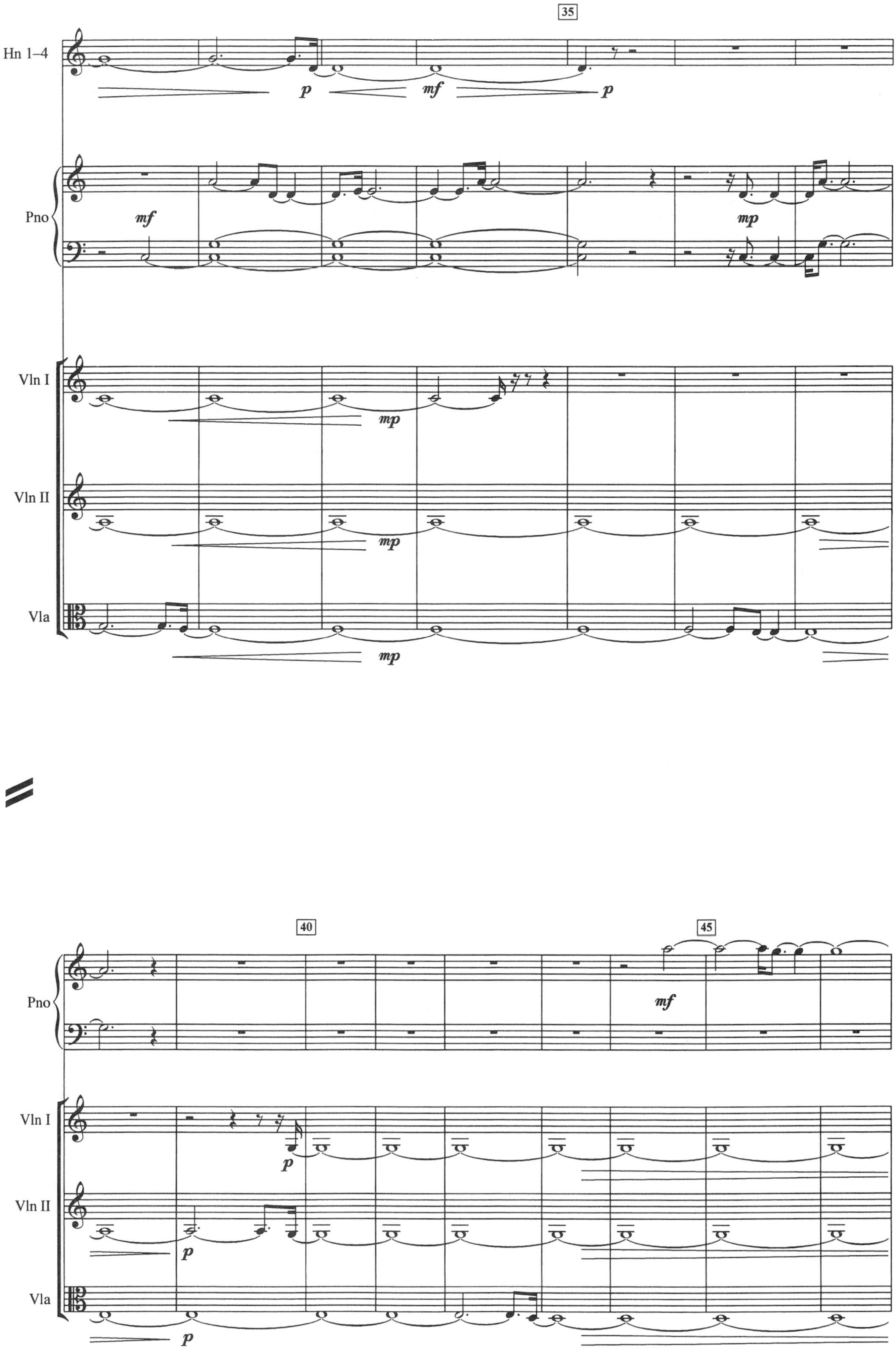

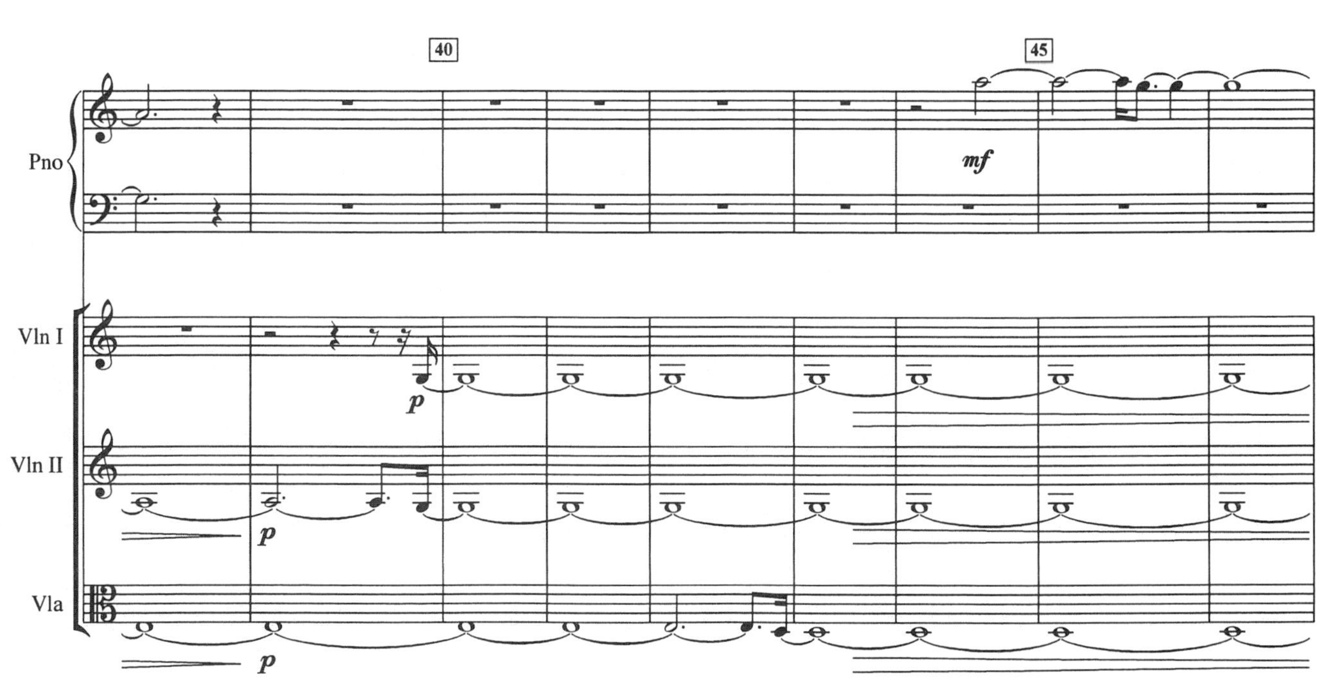

70
75
Ob.
p
mp
Pno
mf
Vln I
pp
Vln II
pp
Vla
pp
80
85
Ob.
pp
Pno
mp
Vln I
Vln II
Vla
90
Ob.
pp
mp
pp
mp
Pno
mf
Vln I
mp
Vln II
mp
Vla
mp

95
Ob.
Hn 1–4
Pno
mp
mf
a 4
mp
Vln I
Vln II
Vla
Vc.
Db
pp
pp
pp
mp
mp
mf
100
Ob.
Hn 1–4
Hp
Pno
Vln I
Vln II
Vla
Vc.
Db
pp
mf
mf
mp
mf
mf
mp
mf
f

47 Titanic (1997): 'Take her to sea, Mr Murdoch'

James Horner

CD 4 track 6

Tpt 1–3
Tbn. 1–3
Tba
Timp.
Perc.
Hp 1
Hp 2
Synth.
Choir A.
Vln I/II
Vla
Vc.
Db.
(Bass Drum)
B.
pom
pom pom pom pom pom
unis.
div.
441

Poco meno mosso
10
Bsn 1, 2
Dbsn
1.
2 + Dbsn mp
Hn 1–4
2, 4
mp mf
mp
Tbn. 1–3
(1, 2)
mf
Tubular Bells
Perc.
mf
Bass Drum
mp mf
Tam Tam
p
Hp 1
f
Hp 2
f
Pno
mp
Poco meno mosso
Vln II
Vln I/II
f
mp
Vla
div.
mp
Vc.
mp
Db.
mp
442

15
Cl. 1, 2
Bsn 1, 2
Dbsn
2 + Dbsn
Hn 1–4
2, 4
1, 3
Timp.
(T. Bells)
Perc.
Sus. Cym.
Hp 1
Pno
con sord.
Vln I/II
div.
unis.
Vla
Vc.
unis.
Db.

Più mosso
20
Cl. 1, 2
Bsn 1, 2
Dbsn
a 3
mf
(1, 3)
Hn 1–4
mp
mp
1.
3.
p
2, 4
mp
Tpt 1–3
Tbn. 1–3
3.
p
mp
Tba
p
Timp.
mf
Perc.
(T. Bells)
mf
Hp 1
Pno
mf
Più mosso
Vln I/II
mf
unis.
mf
mf
Vla
mf
mf
Vc.
mf
Db.
mf

Più mosso
25 Ancora più mosso
Fl. 1, 2
Ob. 1, 2
Cl. 1, 2
Bsn 1, 2
Dbsn
Hn 1–4
Tpt 1–3
Tbn. 1–3
Tba
Timp.
Perc.
(T. Bells)
Pno
senza sord.
Più mosso
Ancora più mosso
Vln I/II
Vla
Vc.
div.
unis.
Db.

Maestoso
Andante ♩ = 74
30
Fl. 1, 2
a 2
f
ff
mp
Ob. 1, 2
ff
Cl. 1, 2
a 2
ff
p
Bsn 1, 2
Dbsn
a 2
Dbsn
ff
p
Hn 1–4
1, 3
p
2.
p
2, 4
ff
p
Tbn. 1–3
ff
p
Tba
ff
p
Timp.
Perc.
Bell tree
Synth.
Organ
ff
p
S.
mp
Ah
Choir A.
mp
Ah
T./B.
p
Ooh
Pno
ff
(8)
Maestoso
Andante ♩ = 74
Vln I/II
p
ff
Vla
mf
p
ff
p
Vc.
ff
p
Db.
ff
p

446

Fl. 1, 2
Cl. 1, 2
Hn 1–4
Timp.
p < mp
Perc.
Tubular Bells
mp
Side Drum
mp <
S.
Ah
Choir A.
Ah
Ooh
T./B.
p
Ah
Vln I/II
p
Vla
35

♪=♩ twice as fast ♩ = 148
40
Fl. 1, 2
Cl. 1, 2
Hn 1–4
Perc.
Bass Drum
Synth.
Synth.Choir
S.
Choir A.
T./B.
Pom
pom
pom
♪=♩ twice as fast ♩ = 148
Vln I/II
Vla
div.
Vc.
div.
Db.
mf
mp
mf
mp
mp
mp
mp

Perc.
Side Drum
Bass Drum
45
Synth.
Choir
B.
pom
pom
Vln I/II
Vla
unis.
unis.
Vc.
Db.
Hn 1–4
1, 3
50
mf
Tpt 1–3
1. Solo
f dolce
Perc.
Glock.
mf
Bass Drum
Side Drum
mf
Synth.
Choir
B.
pom
S. f
Ah
Vln I/II
mf
mf
Vla
mf
unis.
Vc. only
Vc.
Db.
mf

55
Poco meno mosso
Ob. 1, 2
Cl. 1, 2
Bsn 1, 2
Dbsn
Hn 1–4
Tpt 1–3
Tbn. 1–3
Tba
Timp.
Perc.
Tubular Bells
Sus. Cym./Bell Tree
Bass Drum
S.
Choir
A.
Ah
Ah
Vln I/II
Vla
Vc.
Db.
Poco meno mosso
Vln I/II
a 2
a 3
a 4
1, 2
1, 2
div.
div.

60
Fl. 1, 2
a 2
mf
Ob. 1, 2
a 2
f
mf
Cl. 1, 2
a 2
mf
Bsn 1, 2
Dbsn
mf
Hn 1–4
Tbn. 1–3
p
Tba
mf
Glock
Perc.
mf
Sleigh Bells
mp
Pno
mf
Vln I/II
f
Vla
Vc.
mf
Db.
mf

Fl. 1, 2
Ob. 1, 2
Cl. 1, 2
Hn 1–4
Tbn. 1–3
(Glock.)
Perc.
Suspended Cymbal
(Sleigh Bells)
mp
mf
Hp 1
f
Hp 2
f
Pno
Vln I/II
mf
Vla
Vc.
Db.
65

Fl. 1, 2
Ob. 1, 2
Cl. 1, 2
Perc.
Hp 1
Hp 2
Synth.
Pno
Vln I/II
Vla
Vc.
Db.
♩ = 140
Tubular Bells
Suspended Cymbal
Side Drum
Bass Drum
Synth. Choir
♩ = 140
f
mp
mf
mf
f
f
f
f
f
f
f

70
Tpt 1–3
Perc.
(Side Drum)
(Bass Drum)
Hp 1
Hp 2
Synth.
Pno
Vln I/II
Vla
Vc.
Db.
p
f
f
f
f
f

75
Fl. 1, 2
Cl. 1, 2
Bsn 1, 2
Dbsn
Perc.
Suspended Cymbal
Hp 1
Synth.
Pno
Vln I/II
Vla
Vc.
Db.
a 2
a 2
a 2
f
mf
mf
mf
f
mf non stacc.
mf
mf
mf
455

80
Fl. 1, 2
Ob. 1, 2
a 2
mf f
Cl. 1, 2
Bsn 1, 2
Dbsn
Dbsn p f
Tbn. 1–3
p f
Tubular Bells
mf cresc.
f
Perc.
Side Drum
f
Bass Drum
f ff
Sus. Cym./Bell Tree
mp molto ff
Hp 1, 2
(1.)
a 2
8va
1, 2: C♮ D E F♯ G A B
f ff
8vb
Synth.
ff
Pno
Vln I/II
cresc.
ff
Vla
ff
Vc.
cresc.
p ff
Db.
p ff
456

Rall.
a 2
Fl. 1, 2
f
Ob. 1, 2
f
Cl. 1, 2
f
Bsn 1, 2
Dbsn
1, Dbsn
2.
f
Hn 1–4
1, 3
2, 4
f
Tpt 1–3
f
Tbn. 1–3
f
Tba
f
Suspended Cymbal
mf
Perc.
(Bass Drum)
f
Synth.
Pno
f
Rall.
Vln I/II
f
Vla
f
Vc.
f
Db.
f

molto - - - - - Meno mosso ♩= 60
85
90
Fl. 1, 2
Ob. 1, 2
Cl. 1, 2
Bsn 1, 2
Dbsn
Hn 1–4
1, 3 dolce
mf
Tpt 1–3
Tbn. 1–3
Tba
Timp.
Cymbals
Perc.
Hp1, 2
a 2
Pno
molto - - - - - Meno mosso ♩= 60
Vln I/II
Vln I/II
Vla
Vc.
Db.

Hn 1–4
Tbn. 1–3
Tba
Hp 1
Vln I/II
Vla
Vc.
Db.
95
2, 4
mp
mp
mp
mf
mf
mf
div.
mf
mf
Bsn 1, 2
Dbsn
Hn 1–4
Perc.
Vln I/II
Vla
Vc.
Db.
1, 2
100
p
Suspended Cymbal
p
mp
mp
mp
mp
p
p
p
unis.
mp

105
110
Fl. 1, 2
Cl. 1, 2
Hn 1–4
Perc.
Hp 1
Hp 2
Vln I/II
Vla
Vc.
Db.
Suspended Cymbal
Glock
1.
1.
1.
mp
pp
mp
pp
mp
pp
p
mp
ppp dolciss.
mp
mp
p

48 West End Blues

Joe Oliver and Clarence Williams

as recorded by Louis Armstrong and his Hot Five, 1928
CD 4 track 7

461

15
Tpt
Cl.
Tbn.
Add Rhythmic Milk Bottle Sound
Pno
20
Tbn.
25
Pno
30
Tpt
Louis Armstrong Scat Vocal
Wa wa wa (etc.)
Cl.
Tbn.
Percussion ends
Pno
35
Vocal
Cl.
Pno

Vocal
Cl.
Pno
40
Solo
8va
legato
No Banjo
45 (8)
More Rhythmically
Pno
50
3
Pno
legato
3 3
3
463

Tpt
Cl.
Tbn.
Pno
55
Banjo similar
60
Solo
3
3
3
65
Rall. - - - - - - - -
Rall. - - - - - - - -
3
3
3

49 Black and Tan Fantasy

as recorded by Duke Ellington and his Orchestra, 1927
CD 4 track 8

Duke Ellington and Bubber Miley

All instruments are shown at concert pitch.

(Alto Sax.)
(Reeds)
G♭7
B♭
25
E♭7
E♭m6
B♭
C7
F7
(Cymbal)
(Rhythm section continue ♩♩♩♩ accompaniment through solos)
Trumpet Solo (with plunger mute and occasional growls)
B♭
30
B♭7
E♭7
35 B♭
Cm7
F7
B♭
E♭
40 B♭
B♭
B♭7
45 E♭7
(straight ♪s)
B♭
Cm7
50 F7
B♭
E♭
B♭
Piano Solo (outline)
Pno
B♭

loco
Trombone (with tight plunger mute)
Trumpet (with plunger mute)
(horse whinny)
Reeds

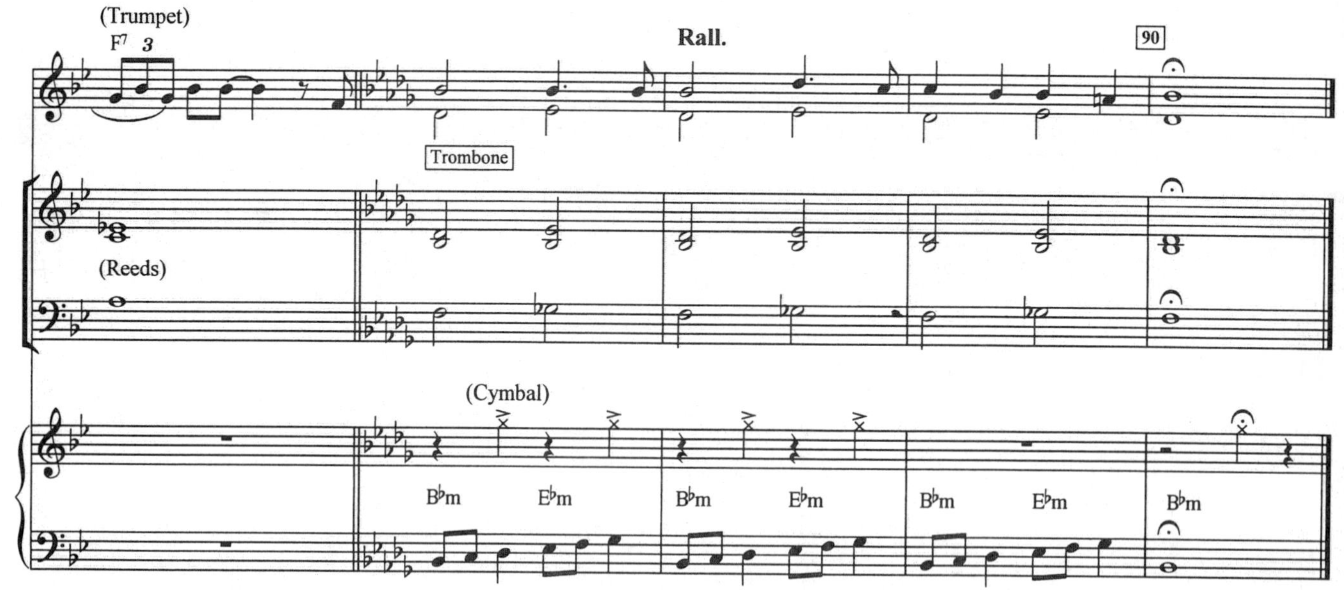

50 Four

Miles Davis

as recorded by the Miles Davis Quintet, 1964
CD 4 track 9

Bars are numbered in 32-bar sections, prefixed by H (for 'head'),
1 (for 1st chorus) or 2 (2nd chorus).

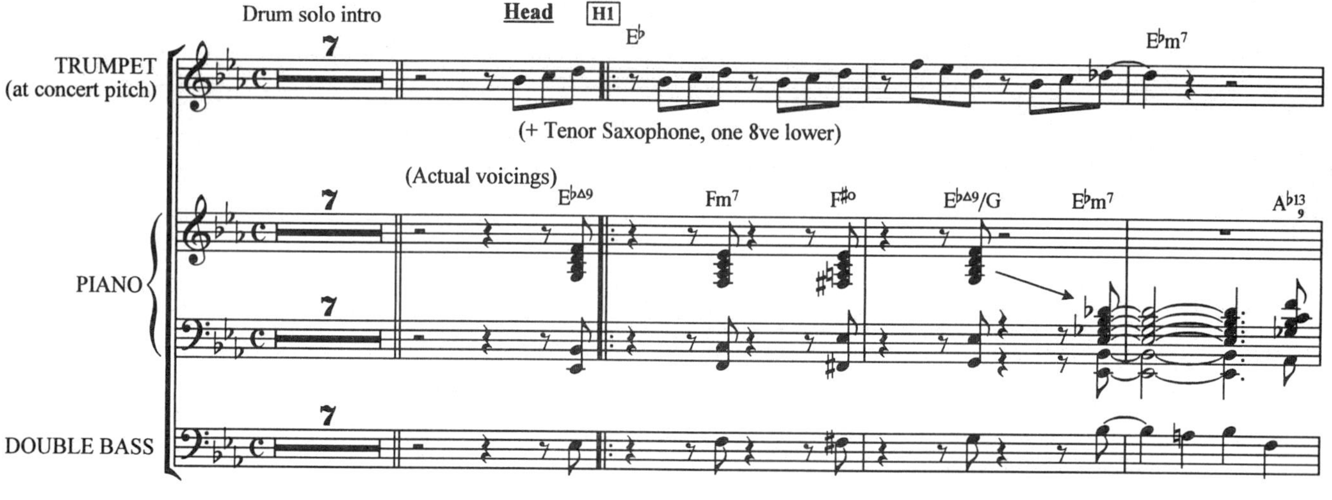

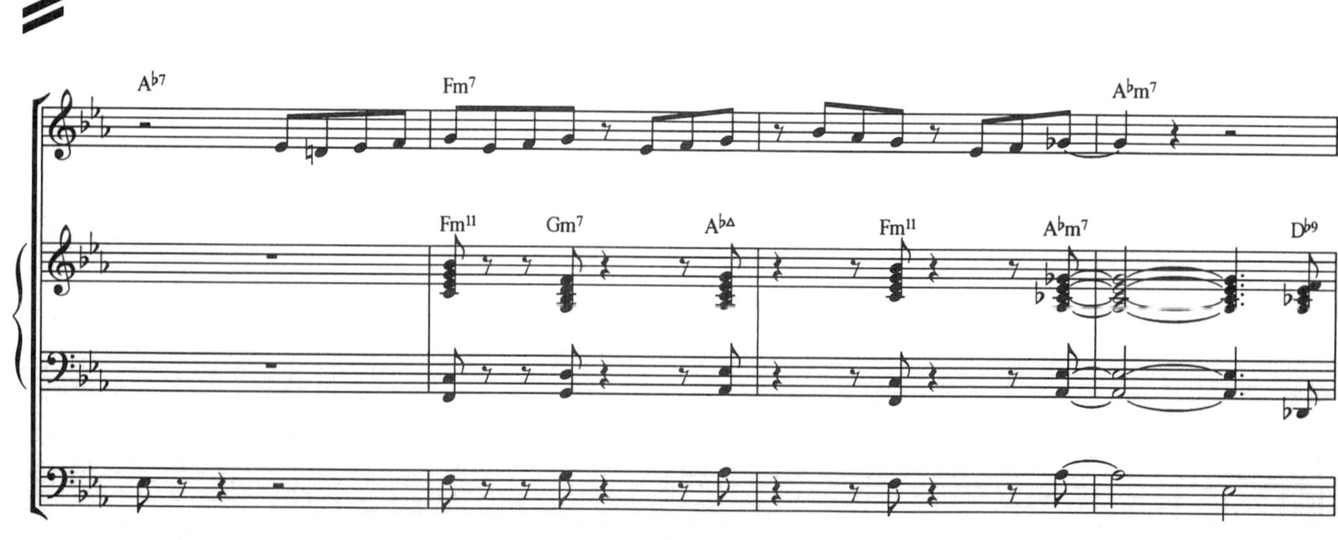

H9
Db7 Gm7 F#m7 B7 Fm7 Bb7
Gm11 F#m7 B13sus/A Fm9/Ab
1. Gm7 F#m7 B7 Fm7 Bb7
2. Gm7 F#m7 B7 Fm7 Bb7
Gm7 F#m11 B13 Fm9 Bb13(#11) EbΔ9 Gm7 F#m11 Fm11 Bb13 Eb6/9
etc.
Break Tpt Eb 1.1 First Chorus Eb Ebm7 Ab7 Fm7
Piano continues with chordal support
Db.
Abm7 Db7 1.9 Gm7 Fm7
Bb7 Gm7 Fm7 Bb7 1.17 Eb
(pitch bends)
Ebm7 Ab7 Fm7 Abm7 Db7
8va

1.25
Second Chorus
2.1
loco
(8va)
B♭7
E♭
B♭7
etc.
Tpt E♭m7
Fm7
A♭m7
3 3
2.9 Gm7
Fm7
B♭7
Gm7
Fm7
B♭7
2.17 E♭
E♭m7
Fm7
A♭m7
2.25 E♭
C7
Fm7
B♭7
3.1 Third Chorus
E♭
B♭7
E♭
B♭7
E♭
E♭m7
A♭7
Fm7
3.9 E♭
Fm7
3
B♭7
E♭
Fm7
B♭7
3.17 E♭
E♭m7
Fm7
A♭m7
D♭7
3.25 E♭
Fm7
B♭7
E♭
3
3
Fm7
B♭7
1/2v.
4.1 Overlap into Fourth Chorus
E♭
E♭m7

470

51 I'm Leavin' You

as recorded by Howlin' Wolf, 1959

CD 4 track 10

Chester Burnett (Howlin' Wolf)

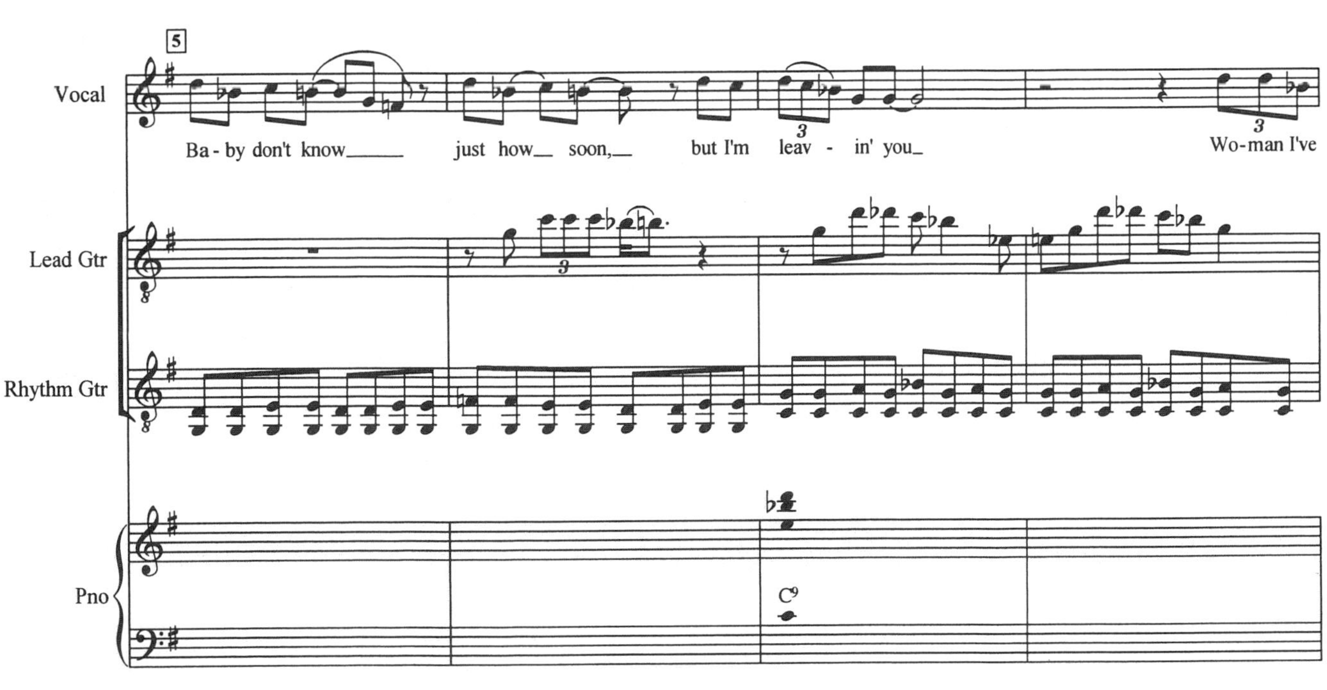

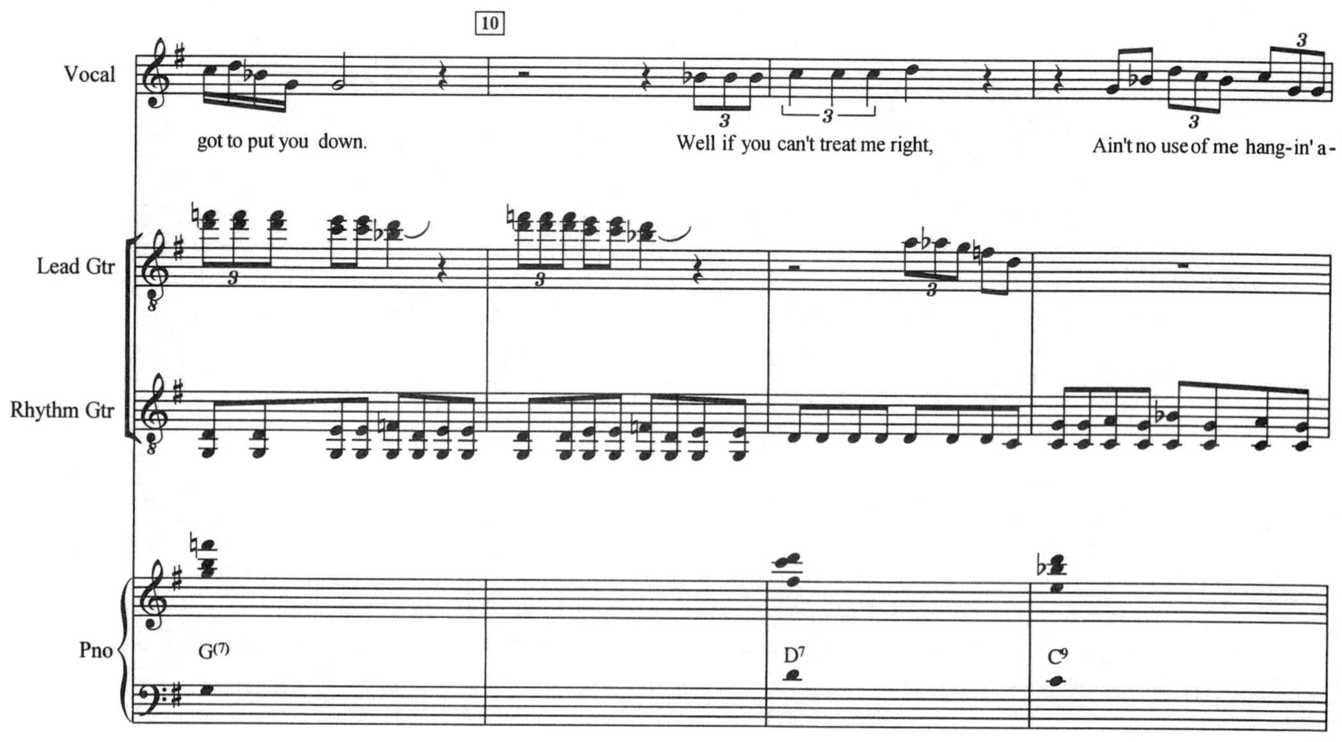
Vocal
Lead Gtr
Rhythm Gtr
Pno
got to put you down.
Well if you can't treat me right,
Ain't no use of me hang-in' a-
G(7)
D7
C9
VERSE 2 ('stop' chorus)
Vocal
Lead Gtr
Rhythm Gtr
Pno
Bass
Dr.
- round.
Well you told me that you loved me, You crossed your heart to die._ But
(2nd time Guitar parts varied ad lib.)
G(7)
Db D9
G
G

Vocal
I found out that wasn' so. I'm leav - in' you. Wo - man I've
(Baby bye - bye.)
Lead Gtr
8va
Rhythm Gtr
G7 RH fill
(ad lib. as before)
Pno
G
C9
Bass
etc.
(Snare)
Dr.
etc.
(Bass)
Vocal
got to put you down. Well if you can't treat me right, Ain't no use of me hang - in' a-
Lead Gtr
(8)
Rhythm Gtr
Pno
G(7)
D7
C9

25
VERSE 3 ('stop' chorus)
Vocal
Lead Gtr
Rhythm Gtr
Pno
Bass
Dr.
- round.
Well ear - ly in the morn - in' be - fore I rise, You're
G(7)
G
G
30
lay - in' there rol - lin' your blood-shot eyes. You mean lit - tle thing, Mean - est
G
G9
C9
(ad lib. as before)
simile
(Snare)
etc.
(Bass)

35
Vocal
Lead Gtr
Rhythm Gtr
Pno
G(7)
D7
wo-man I e-ver seen.
No mat-ter how I try to treat you right,

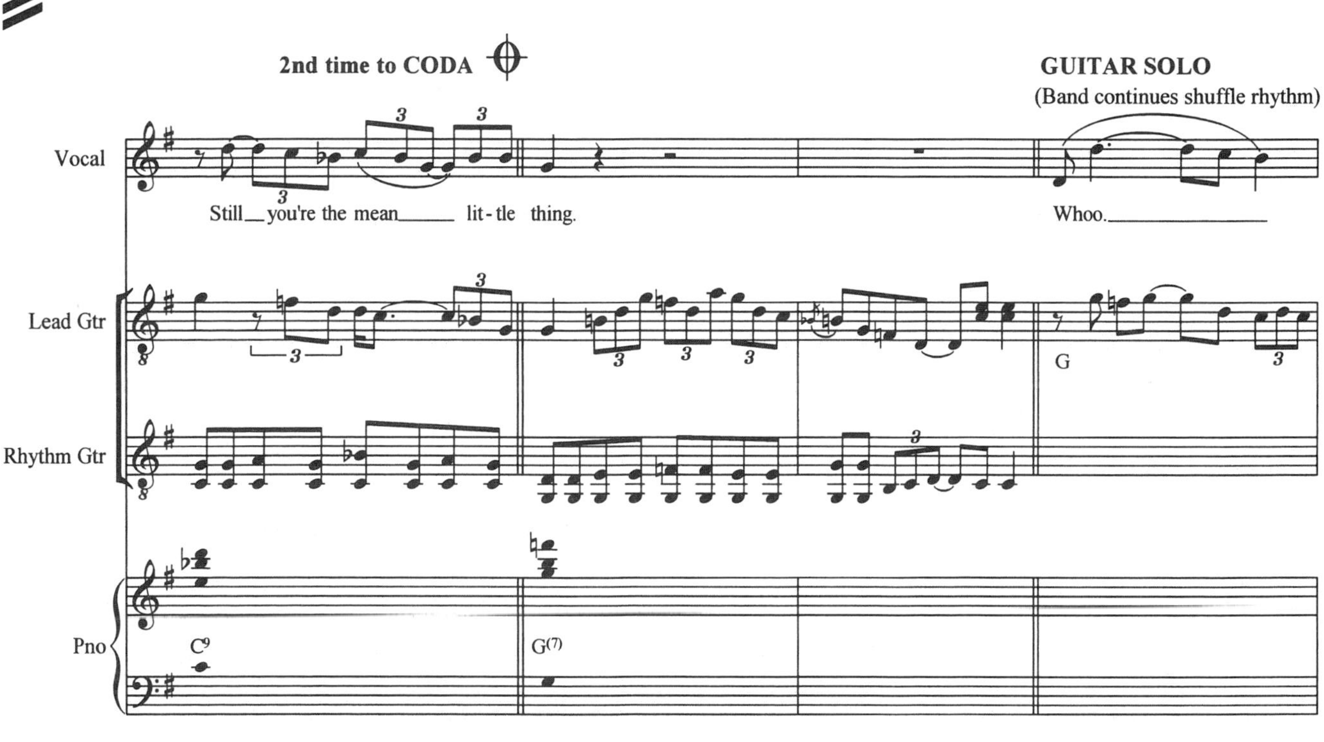

2nd time to CODA
GUITAR SOLO
(Band continues shuffle rhythm)
Vocal
Lead Gtr
Rhythm Gtr
Pno
C9
G(7)
G
Still you're the mean lit-tle thing.
Whoo.

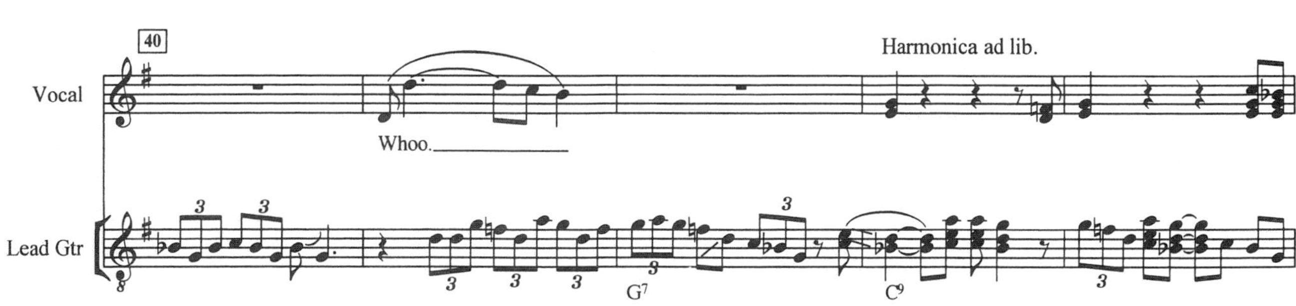

40
Harmonica ad lib.
Vocal
Lead Gtr
Whoo.
G7
C9

Dal Segno al Coda   CODA

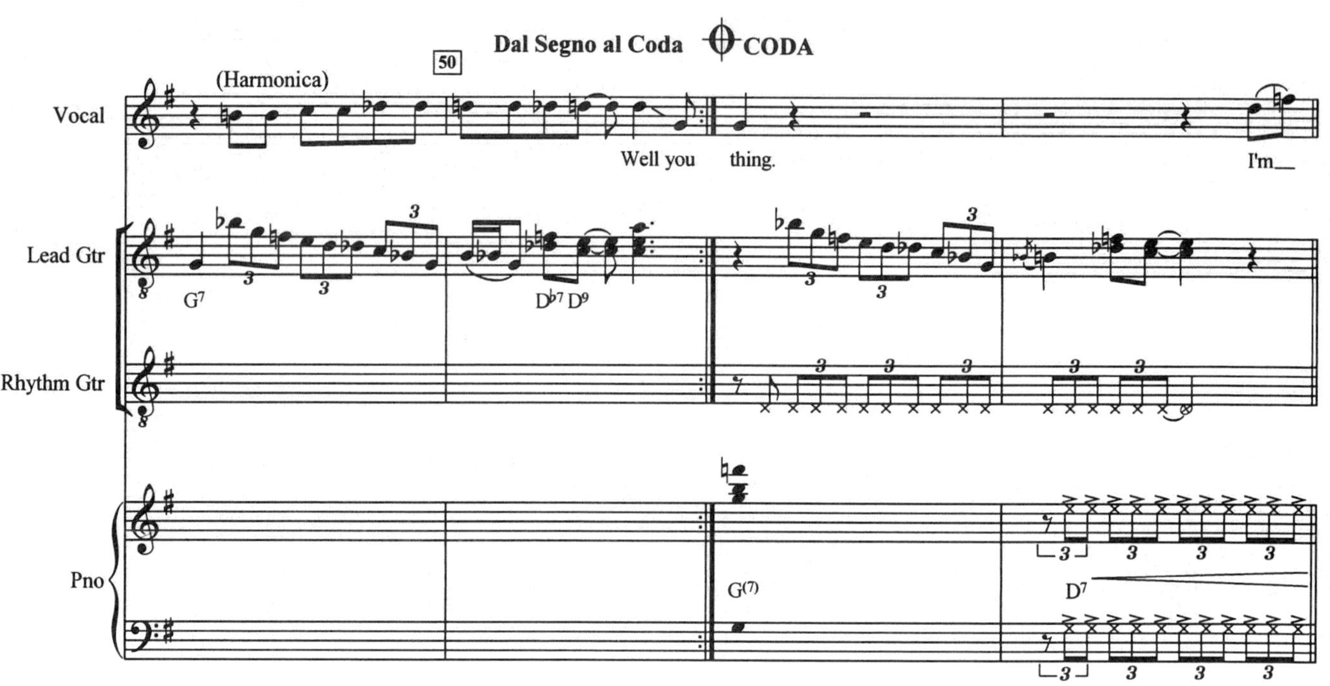

BEGIN FADE OUT . . .

476

52 Honey Don't

as recorded by Carl Perkins, 1955
CD 4 track 11

Vocal
Lead Gtr
Ac. Gtr
Db.
Dr.
Oh Ho - ney don't,
Well Ho-ney don't,
Ho-ney don't,
Oh Ho-ney don't,
Hey Ho-ney don't,
Say you will when you won't,
Ah ah ah Ho-ney don't.
Well I don't.
solo

Vocal
Lead Gtr
Ac. Gtr
Db.
Dr.
35
E
C
C
E
E
C
40
Mm   Ho - ney don't,
B7
E
E
E
E
A
45
A
E
E
B7
B7
E

Well some-times I love you on Sa-tur-day night.__ Sun-day morn-ings__ you don't look right.
You've been out a-paint-ing the town,__ Oh, oh, ba-by you've been step-pin' a-round, But ah, ah
Hey Ho-ney don't, Yeah Ho-ney don't, ba ba ba Ho-ney don't, ba ba

Vocal
Lead Gtr
Ac. Gtr
Db.
Dr.
ba yeah Ho-ney don't, Well Ho-ney don't, Say you will when you won't,
E A A E E B7
B7
uh ho Ho-ney don't.
B7 E E E E C
solo
B7
C E E C B7 E
481

Vocal
Lead Gtr
Ac. Gtr
Db.
Dr.
Well, lit-tle Ho-ney don't, oh, Ho-ney don't, yeah, Ho-ney
don't, ba ba ba ba Ho-ney don't, Say you
will when you won't, uh ha Ho-ney don't.

53 Waterloo Sunset

as recorded by the Kinks, 1967
CD 4 track 12

Ray Davies

15
Lead V.
- zy ta-xi lights shine___ so bright_ But I don't___ need no friends_
- der I stay at home___ at night_ But I don't___ feel a - fraid_
Backing Vs
Oo La La La Oo Oo Oo Oo
El. Gtr
Ac. Gtr
B7 A A F#min C#
Bass
Dr.
20
Lead V.
as long as I gaze___ on Wa-ter-loo sun - set I am in pa-ra-dise.
as long as I gaze___ on Wa-ter-loo sun - set I am in pa-ra-dise.
Backing Vs
Oo Oo Oo Oo Oo Oo
El. Gtr
Ac. Gtr
F#min B7 E B7 A
Bass
Dr.
25
Lead V.
Ev-ery day I look at the world___ from my___ win-dow
Backing Vs
Sha La La___
El. Gtr
Ac. Gtr
A A G#min F# F# F# B
Bass
Dr.

But chil-ly chil-ly is eve-ning time___ Wa-ter-loo sun-set's fine_
Sha La La___
E   A G#min F#   F#   F#   B7
Ah___
Wa-ter-loo sun-set's fine___
Oo
B7   B7   B7   E
Ter-ry meets Ju-
Mil-lions of peo-ple swarm-ing like flies_
_round Wa-ter-loo un-der-ground___ but Ter-ry and Ju-lie cross o-ver the ri-ver where they feel safe_
Oo La La La   Oo___   Oo   Oo La La La Oo
B7   A   A   E   B7

485

Lead V.
Backing Vs
El. Gtr
Ac. Gtr
Bass
Dr.
45
_ and sound__ And they don't__ need no friends__ as long as they gaze_
Oo Oo Oo Oo Oo
A A F#min C# F#min B7
Fill
50
_ on Wa-ter-loo sun-set they are in pa-ra-dise.
E B7 A A E
55
Wa-ter-loo sun-set's fine_
B7 A B7 B7 B7

54 A Day in the Life

John Lennon and Paul McCartney

as recorded by the Beatles, 1967
For copyright reasons this recording is not included on the accompanying CD

Vocal
Pno
Gtr
Bass
Dr.
Maracas
I read the news to-day, oh boy
A-bout a luck-y man who made the grade.
And though the news was ra-ther sad,
Well, I just had to laugh
I saw the pho-to-graph
He blew his mind out in a car.
He did-n't no-tice that the

lights had changed. A crowd of peo-ple stood and stared, They'd seen his face be-fore___

No-bo-dy was real-ly sure if he was from the House of Lords.___ I saw a film_ to-day,_ oh_

boy The Eng-lish arm - y had just won the war. A crowd of peo - ple turned a - way_

Vocal
Pno
Gtr
Bass
Dr.

Am9   G   Bm   20 Em   Em7   C   F
Em   Em7   C   G   Bm
25 Em   Em7   C   C△7   Am9   G   Bm

Vocal
Pno
Gtr
Bass
Dr.
Em   Em7   30 C   F   Em   Em7   C
But I__ just had to look__   Ha-ving read the book,   I'd

Vocal
Orch.
Pno
Gtr
Bass
Dr.
C   (no chord)   35
love to turn__ you__ on__

Orch.
Pno
Bass
Dr.
Up and cresc.

Woke up, got out of bed, Dragged a comb a-cross my head,___
Found my way down-stairs and drank a cup And look-ing up___ I no-ticed I was late.

Vocal
Pno
Gtr
Bass
Dr.
B
E
E
D
Ha, ha, ha, Found my coat and grabbed my hat,_ Made the bus in se-conds flat.
55
E
B9
E
3
B9
Found my way up - stairs and had a smoke, And some-bo-dy spoke_ and I went in-to a dream_
C
G
60
D
A
E
Ah_
Ah_
Ah_
Orch.
cresc.

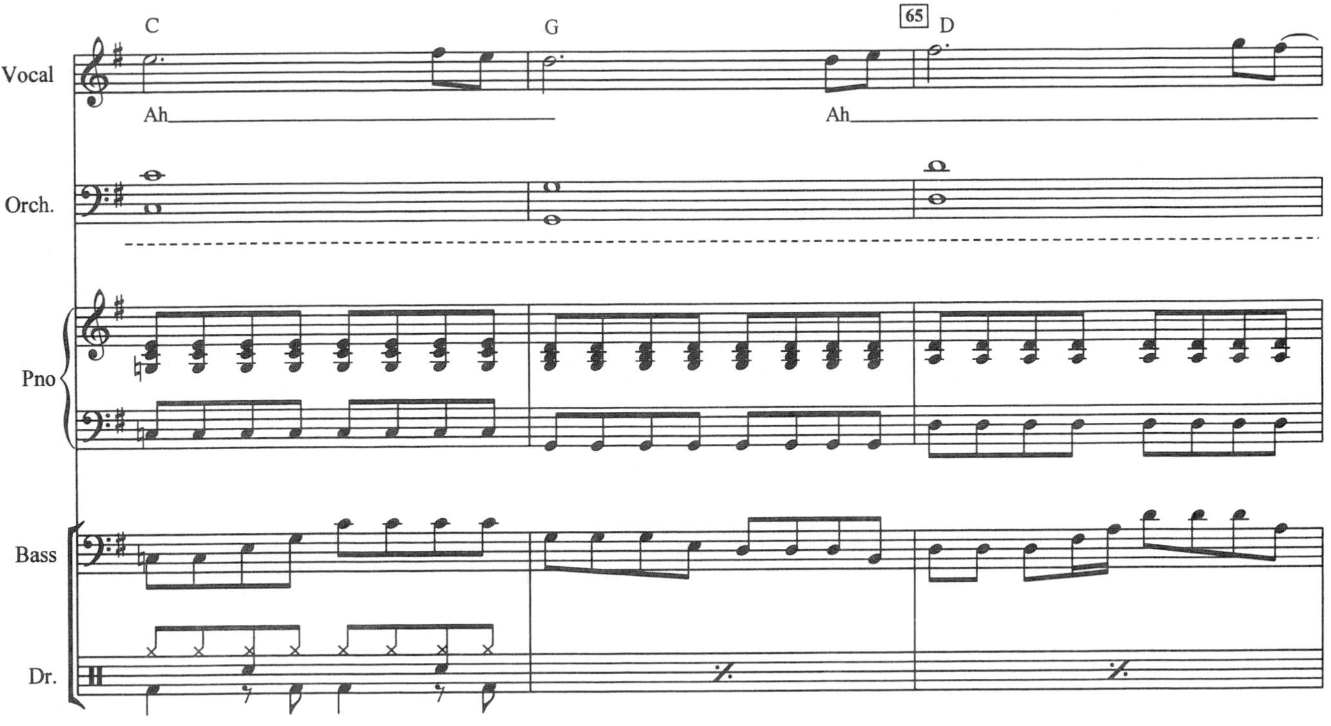

Vocal
Orch.
Pno
Bass
Dr.
C
G
65
D
Ah
Ah

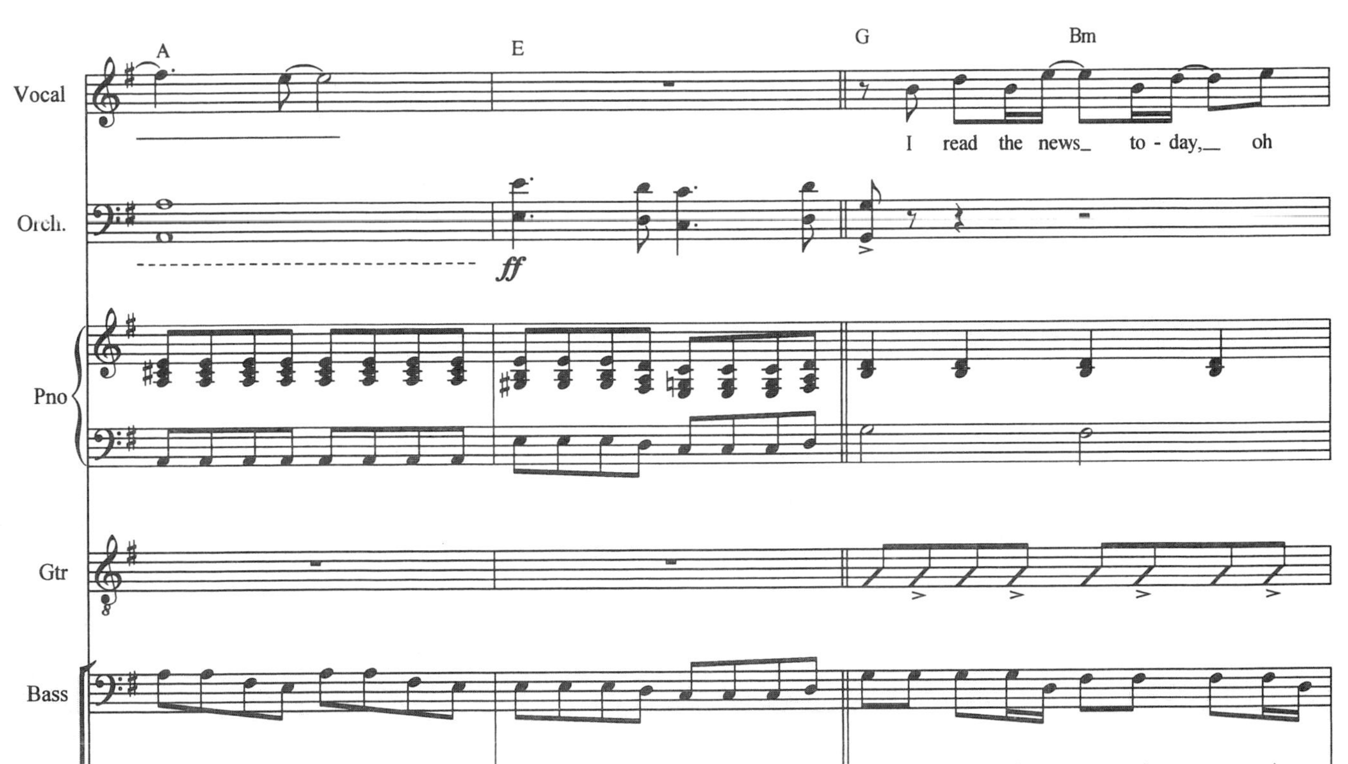

Vocal
Orch.
Pno
Gtr
Bass
Dr.
A
E
G
Bm
ff
I read the news_ to - day,_ oh

boy
Four thou-sand holes_ in Black-burn Lan-ca-shire,
And though the holes_ were ra-ther small
They had to count_ them all!_
Now they know how ma-ny holes it takes to fill the Al-bert Hall.__
I'd

494

Vocal
Orch.
Pno
Gtr
Bass
Dr.
C
(no chord)
80
love to turn you on
Up and cresc.
85
E
fff
495

55 You can get it if you really want

Jimmy Cliff

as recorded by Desmond Dekker and the Aces, 1970
CD 4 track 13

Lead V.
real-ly want But you must try, Try and try Try and try
Backing Vs
real-ly want Try, Try and try Try and try
Gtr 1
Gb Db Ab7 Gb etc.
Gtr 2/Org.
Gb Db Ab7 Gb
Bass
Dr.
Perc.
etc.
Lead V.
You'll suc-ceed at last. Mm mm mm mm
Don't you know it.
Brass
Trumpet
2 Trumpets
Gtr 2/Org.
Ab7 Db Gb Db
Bass
Dr.
Lead V.
Yeah
1. Per-se-cu-tion you must fear
2. Rome was not built in a day
Win or lose no doubt you'll
Op-po-si-tion will
Brass
Gtr 2/Org.
Gb Db Ab Gb Db Ab
Bass
Dr.

Lead V.
Backing Vs
Gtr 2/Org.
Bass
Dr.
get your share
come your way
You got your mind
But the har - der
set on a
the bat - tle
dream
you see
You can get it
Is the swee - ter
Go
the
Oh
G♭
Fm
G♭
A♭
25
Lead V.
Backing Vs
Gtr 2/Org.
Bass
Dr.
3
on and re ceive now.
vic - to - ry.
You can get it if you
real-ly want
You can get it if you
Ah
You can get it if you
real-ly want
You can get it if you
A♭7
D♭
G♭
D♭
3
30
Lead V.
Backing Vs
Gtr 2/Org.
Bass
Dr.
real-ly want
You can get it if you real-ly want
But you must try,
3
Try and
real-ly want
You can get it if you real-ly want
Try,
3
Try and
G♭
D♭
G♭
D♭

Lead V.
Backing Vs
Brass
Gtr 2/Org.
Bass
Dr.
35
try
Try and try
You'll suc-ceed at last.
try
Try and try
Baritone/Tenor Saxes
Ab
Gb
Ab
Db
40
Tutti Brass
E
Gb
Ab Gb E
D
B
Db
3 3 3 3 3
Ah
You can get it if you
You can get it if you
E
Gb
Ab Gb E
D
B
Db
3 3 3 3 3

Lead V.
Backing Vs
Gtr 2/Org.
Bass
Dr.
45
real-ly want
You can get it if you real-ly want
You can get it if you
real-ly want
You can get it if you real-ly want
You can get it if you
Gb
Db
Gb
Db
Lead V.
Backing Vs
Gtr 2/Org.
Bass
Dr.
50
real-ly want But you must try,
Try and try
Try and try
You'll suc-ceed at last
real-ly want
Try,
Try and try
Try and try
3
3
3
3
Gb
Db
Ab
Gb
Ab7
Repeat Till Fade
2nd time, etc.
it
1st time
55
Lead V.
Backing Vs
Brass
Gtr 2
Org.
Bass
Dr.
Don't you know it
Don't I show
You can get it if you real-ly want
You can get it if you real-ly want
Tutti Brass
Db
Gb
Db
Gb

500

56 Tupelo Honey

Van Morrison

as recorded by Van Morrison, 1971
CD 4 track 14

Lead V.
Vv. 1 & 4
bag for me
Sail right round
all the se - ven o - ceans,
Lead V.
Vv. 2 & 3
eyes can see
Men with in - sight,
men in gran - ite,
El. Gtr
Ac. Gtr
Pno
E♭
F
B♭
Dm/A
E♭
B♭
Bass
10

Lead V.
Vv. 1 & 4
drop it straight in - to
the
deep blue sea.
Vv. 1 & 2 p
Vv. 3 & 4 f
She's
as sweet
Lead V.
Vv. 2 & 3
knights in
ar - mour bent on
chi - val - ry
El. Gtr
Ac. Gtr
Vv. 1 & 2 p
Vv. 3 & 4 f
Play chords
2nd & 3rd time
B♭
Dm/A
Pno
B♭
Dm/A
E♭
B♭
Vv. 1 & 2 p
Vv. 3 & 4 f
B♭
Dm/A
Bass
Vv. 1 & 2 p
Vv. 3 & 4 f

Lead V.
Vv. 1–4
as Tu - pe - lo ho - ney, she's an an - gel of the first de -gree
Backing Vs
Tacet V. 1
Vv. 2 p
Vv. 3 & 4 f
She's an an - gel
El. Gtr
Ac. Gtr
E♭   B♭   B♭   Dm/A   E♭   F
Pno
E♭   B♭   B♭   Dm/A   E♭   F
Bass

Lead V.
Vv. 1–4
She's _ as sweet she's as sweet as Tu-pe-lo ho - ney, just like ho - ney, ba - by, ___
El. Gtr
Ac. Gtr
B♭   Dm/A   E♭   B♭   B♭   Dm/A
Pno
B♭   Dm/A   E♭   B♭   B♭   Dm/A
Bass

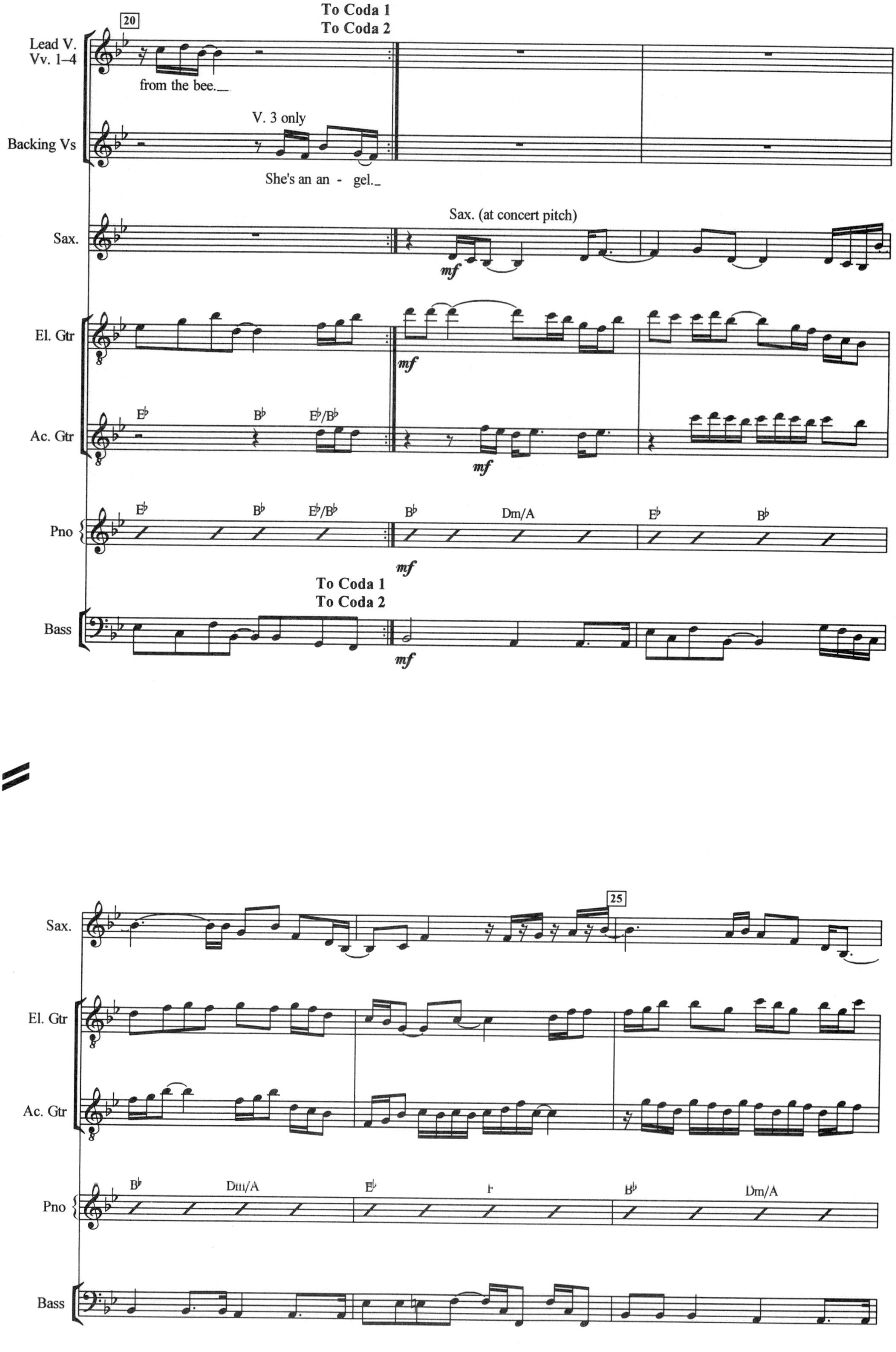

20
To Coda 1
To Coda 2
Lead V.
Vv. 1–4
from the bee.
V. 3 only
Backing Vs
She's an an - gel.
Sax.
Sax. (at concert pitch)
mf
El. Gtr
Ac. Gtr
E♭
B♭
E♭/B♭
Pno
Dm/A
Bass
To Coda 1
To Coda 2
25
F

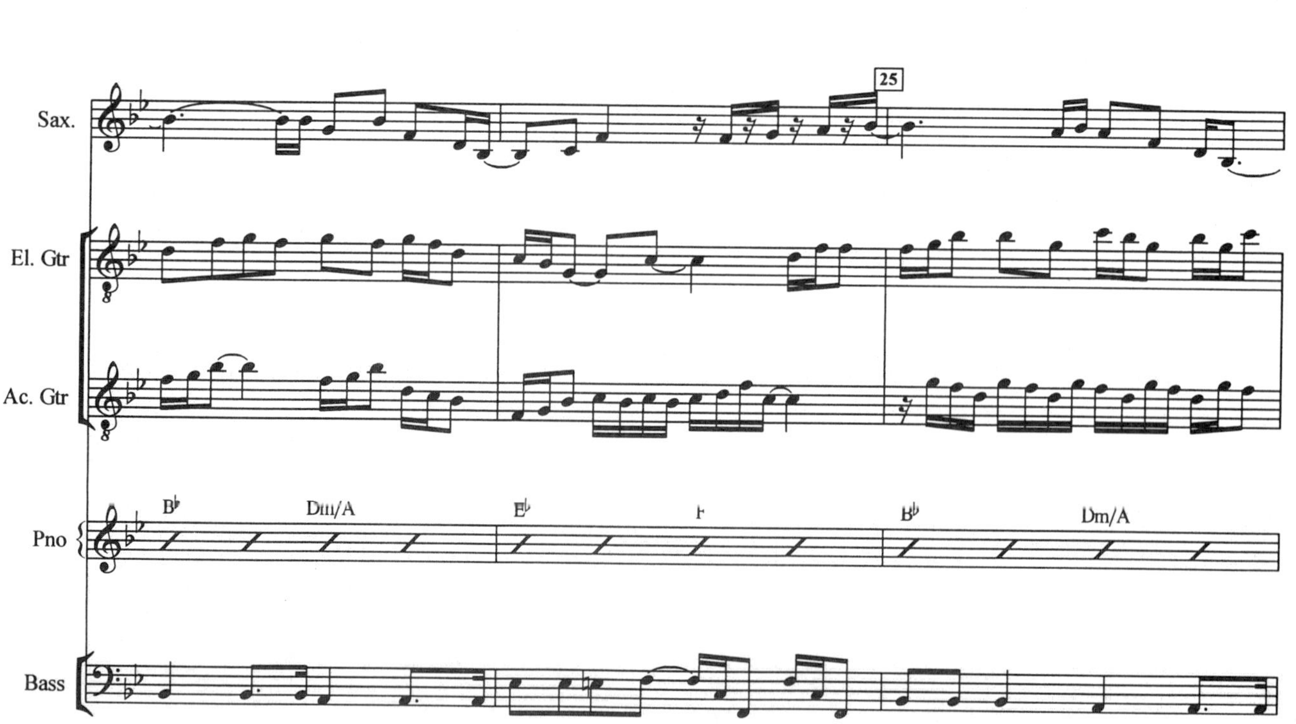

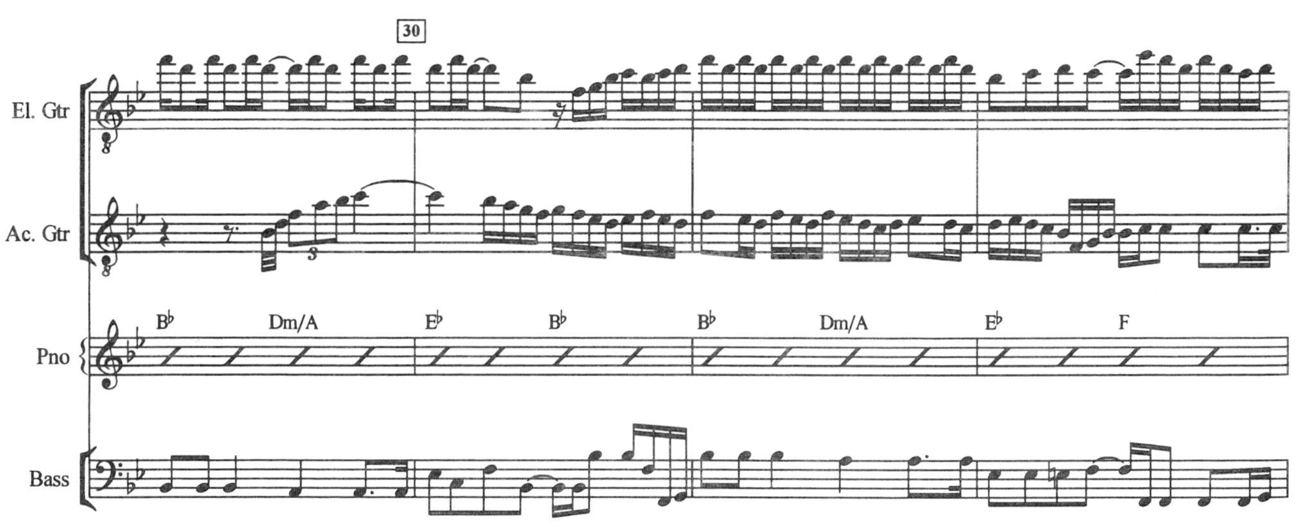

D.S. al Coda 1   Coda 1
Lead V.
Backing Vs
El. Gtr
Ac. Gtr
Pno
Bass
Oh you know she's_ all right_ she's all right with_me, don't you
She's an an - gel__
B♭ Dm E♭ B♭
E♭ B♭ E♭/B♭ B♭ Dm E♭ B♭
D.S. al Coda 1   Coda 1
dim. 2nd time
40
know don't you know you know_ she's all right_ she's all right with me_ She's all right_ she's
She's an an - gel._
B♭ Dm E♭ B♭ B♭ Dm
dim. 2nd time

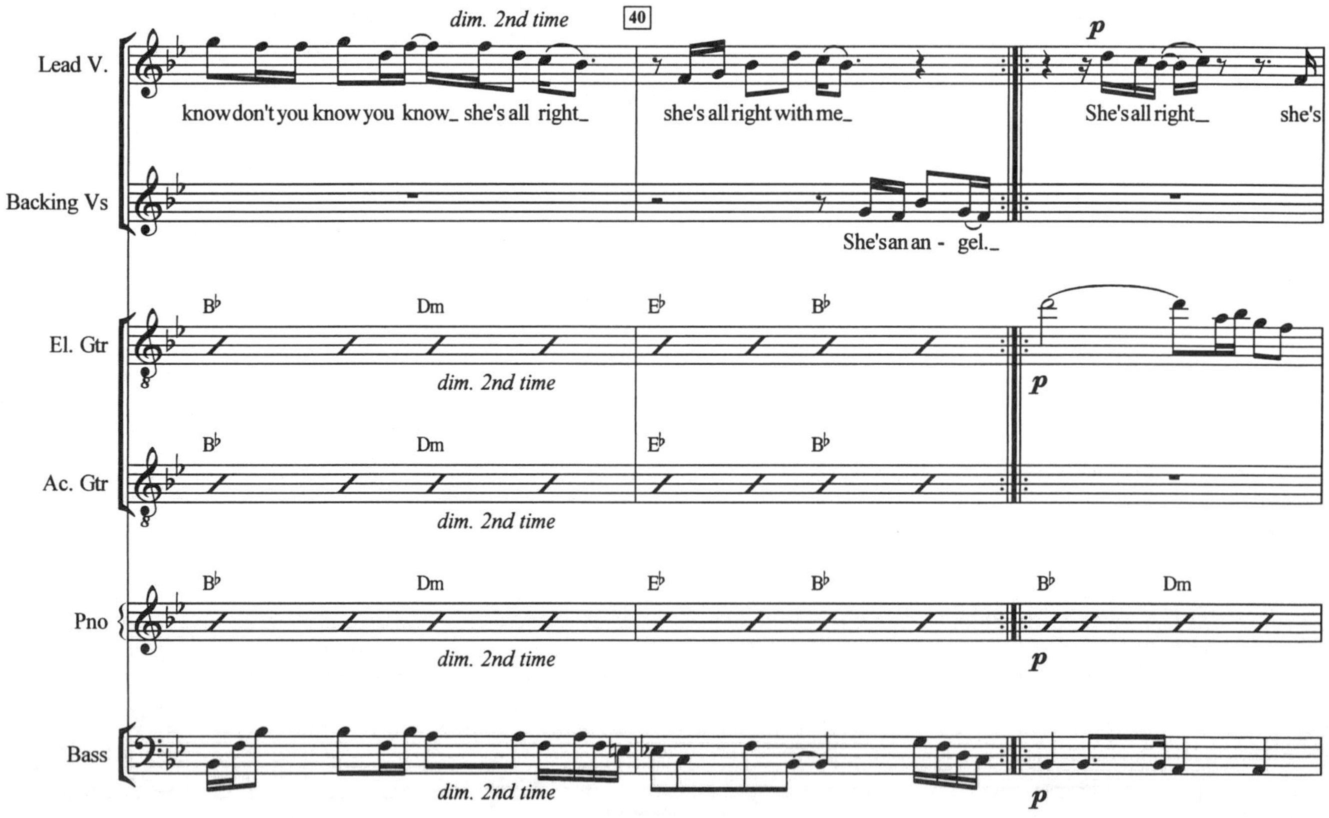

D.S. al Coda 2
Lead V.
all right with me
ah she's all right
she's all right with me
Backing Vs
She's an an - gel
She's an an - gel.
El. Gtr
Pno
Eb Bb Bb Dm Eb Bb
D.S. al Coda 2
Bass

Coda 2
45
f
Lead V.
She's as sweet as Tu - pe - lo ho - ney
she's an an - gel of the
Gtrs/Pno
Bb Dm Eb Bb Bb Dm
f
Coda 2
Bass
f

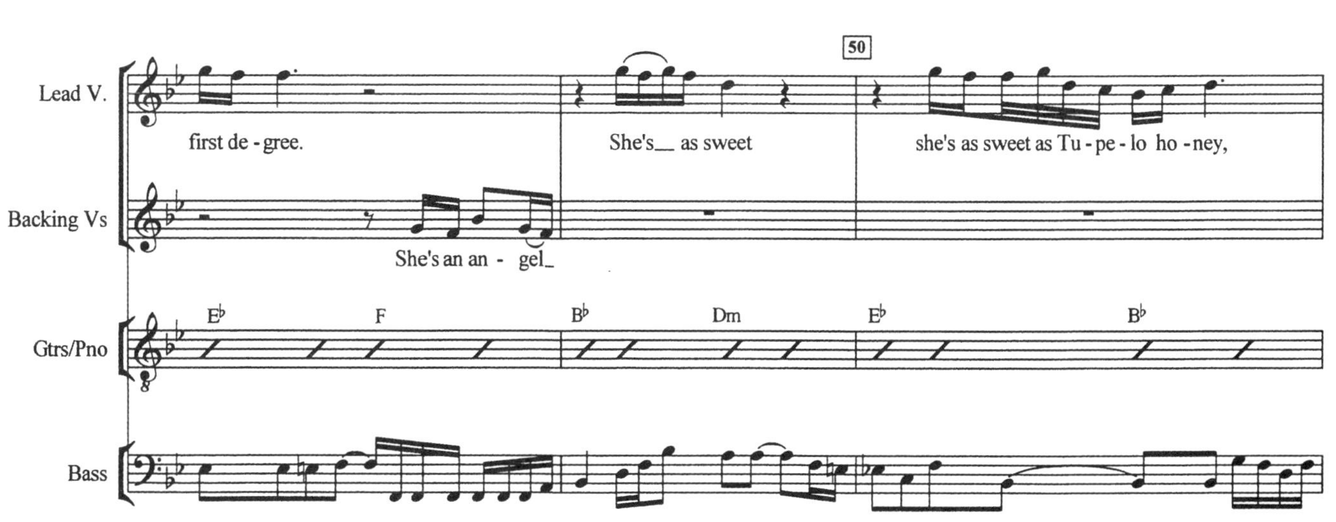

50
Lead V.
first de - gree.
She's as sweet
she's as sweet as Tu - pe - lo ho - ney,
Backing Vs
She's an an - gel
Gtrs/Pno
Eb F Bb Dm Eb Bb
Bass

Lead V.
just like ho-ney ba- by_ from the bee_ Oh you know she's all right__ she's
Backing Vs
She's an an- gel._
Fl.
Fl.
El. Gtr
B♭   Dm   E♭   B♭
Ac. Gtr/ Pno
B♭   Dm   E♭   B♭   B♭   Dm
Bass

Repeat ad lib. till fade
55
Lead V.
all right with_ me, don't you know don't you know you know_ she's all right_ she's all right with me,
Backing Vs
She's an an- gel__ She's an an- gel._
Fl.
Ac. Gtr/ Pno
E♭   B♭   B♭   Dm   E♭   B♭
Repeat ad lib. till fade
Bass

57 Don't look back in anger

as recorded by Oasis, 1996
CD 4 track 15

Noel Gallagher

Vocal
Lead Gtr
R. Gtr
Ac. Gtr
Org.
Strs
Pno
Bass
Dr.
10
You said__ that you'd ne - ver been__
Please don't put your life__ in the hands__
But all the things that you've seen__
of a rock and roll band__
C   Am   G   C   G   Am   E
Guitar
will slow - ly fade a - way__
Who'll throw it all a - way__
So I start a re - vo -lu - tion from__ my__
I'm gon - na
Fmaj7   G   C   Am   G   F   >   Fm7   >

510

15
Vocal
Lead Gtr
R. Gtr
Ac. Gtr
Org.
Strs
Pno
Bass
Dr.
C
F
Fm7
C
__ bed
Cos you said the brains__ I had__ went to__ my__ head
Step out - side__ the sum - mer - time's_ in bloom
Stand up be - side the fi - re - place__
F
Fm7
C
G
Perc.

Take that look from off_ your face_ You ain't e - ver gon - na burn_ my_____ heart_ out_____
And so Sal - ly can wait_ she knows it's too late_
G#dim Am G F
G G C G Am E

30
Vocal
Lead Gtr
R. Gtr
Ac. Gtr
Org.
Strs
Pno
Bass
Dr.
Perc.
as we're walk-ing on by
she's
Her soul slides a-way
My
but don't look back
F
G
C
Am
G
C
G
Am
E
1.
in an-ger
I heard you say
F
G
C
G
Am
E
F
G
1.

Vocal
Lead Gtr
R. Gtr
Ac. Gtr
Org.
Strs
Pno
Bass
Dr.
Perc.
2.
C   Am   G   C   Am   G   F   Fm7
35
Lead Gtr
R. Gtr
Ac. Gtr
Org.
C   F   Fm7   C   F   Fm7
Strs
Pno
Bass
Dr.

Lead Gtr
R. Gtr
Ac. Gtr
Org.
Strs
Pno
Bass
Dr.
Perc.
40
C
G
G#dim
Am
G
F
G

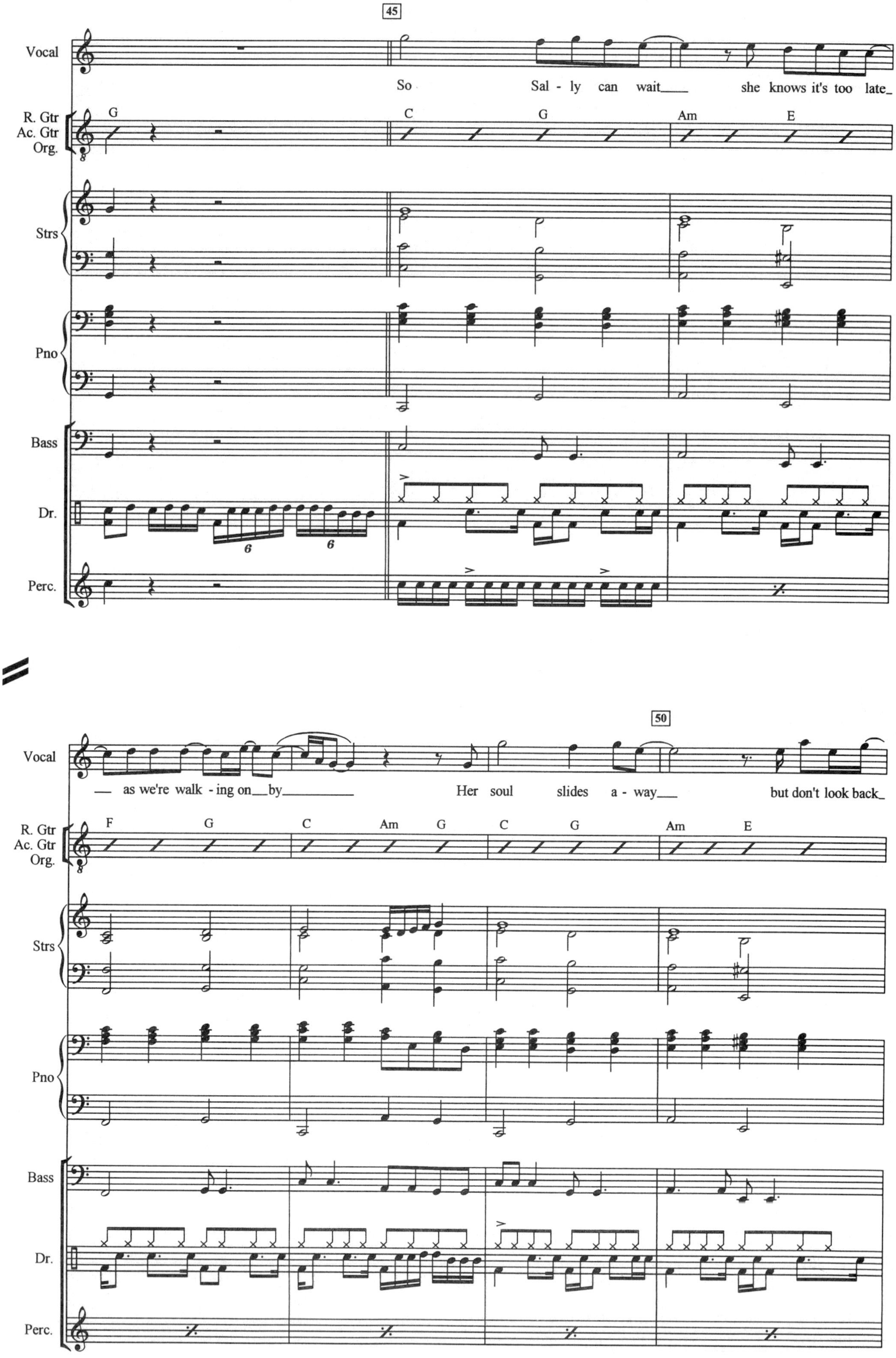
45
Vocal
So Sal - ly can wait___ she knows it's too late_
R. Gtr
Ac. Gtr
Org.
G
C G Am E
Strs
Pno
Bass
Dr.
6 6
Perc.
50
Vocal
— as we're walk - ing on__by________ Her soul slides a - way___ but don't look back_
R. Gtr
Ac. Gtr
Org.
F G C Am G C G Am E
Strs
Pno
Bass
Dr.
Perc.

Vocal
Lead Gtr
R. Gtr
Ac. Gtr
Org.
Strs
Pno
Bass
Dr.
Perc.

in an - ger__ I heard you say__ So Sal - ly can wait__

F G C Am G C G

55

she knows it's too late__ As she's walk - ing on by__ My soul slides a - way__

Am E F G C Am G C G

Slower
Vocal
But don't look back__ in an - ger   Don't look back__ in an - ger__   I heard you say__
(Three guitars)
Lead Gtr
R. Gtr
Am   F   Fm7
Ac. Gtr
Organ
Am   F   Fm7
Strs
Slower
Pno
Bass
Dr.
Perc.
Vocal
least not   to - day.__
Lead Gtr
R. Gtr
Ac. Gtr
Organ
C   G7   Am   E   F   G#dim   C
C
C
Strs
Pno
Bass
Dr.
Perc.

58 Rag Bhairav

As recorded by Ram Narayan (Sarangi) with Chanranjit Lal Biyavat (Tabla)
CD 4 track 16

The pitch of the recording is slightly less than a perfect 4th higher than notated.
This is because when Indian music is represented in Western notation,
it is conventional to write 'Sa' (corresponding to the tonic note) on C.

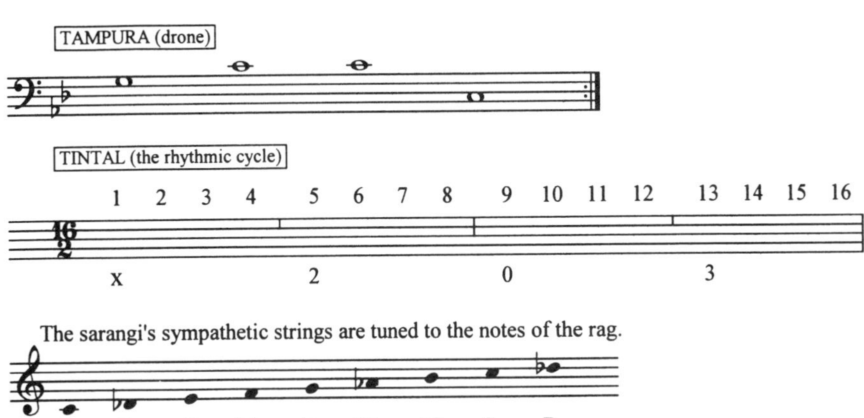

SARANGI

line 1

2

3

4

5

6

7

8

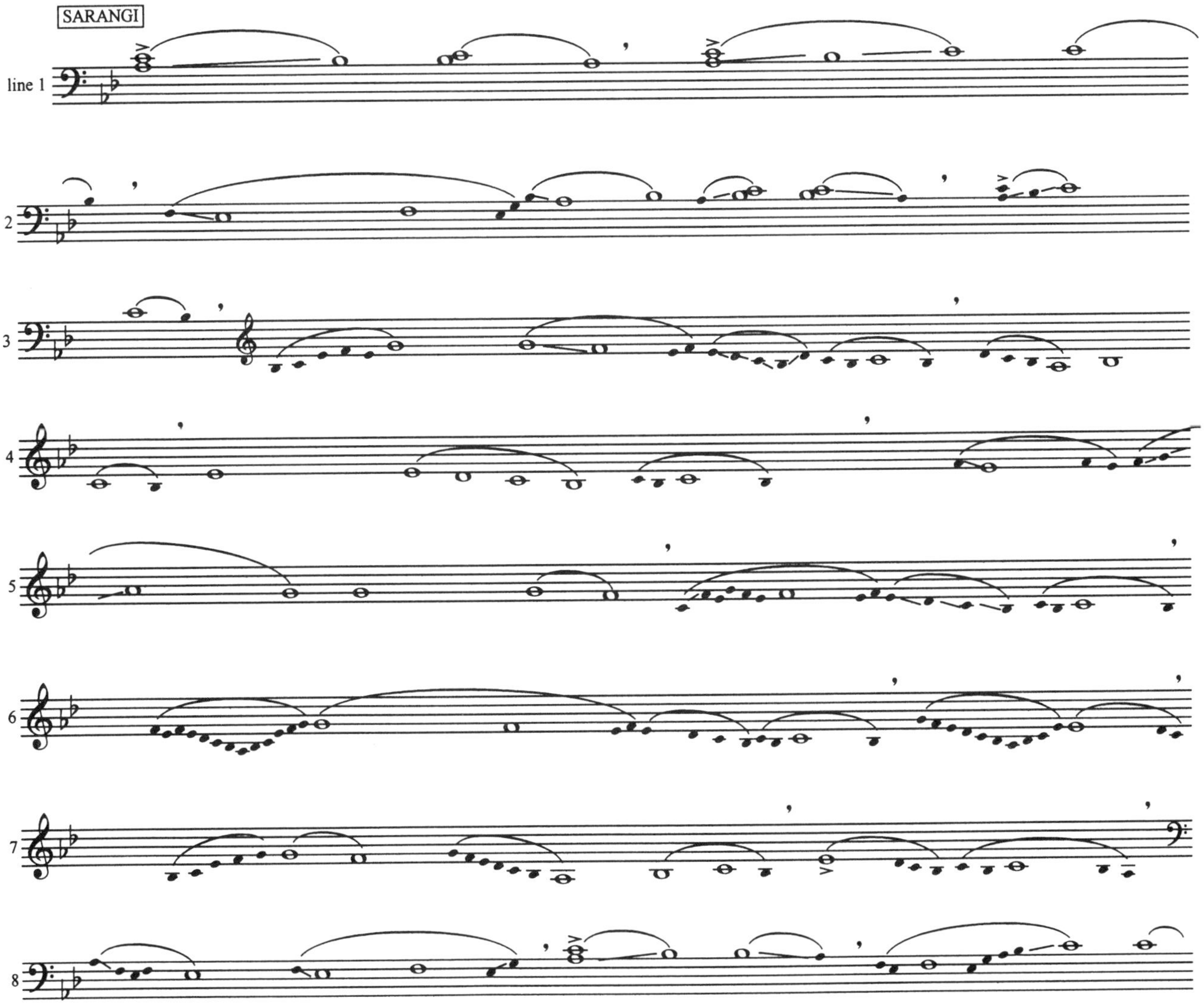

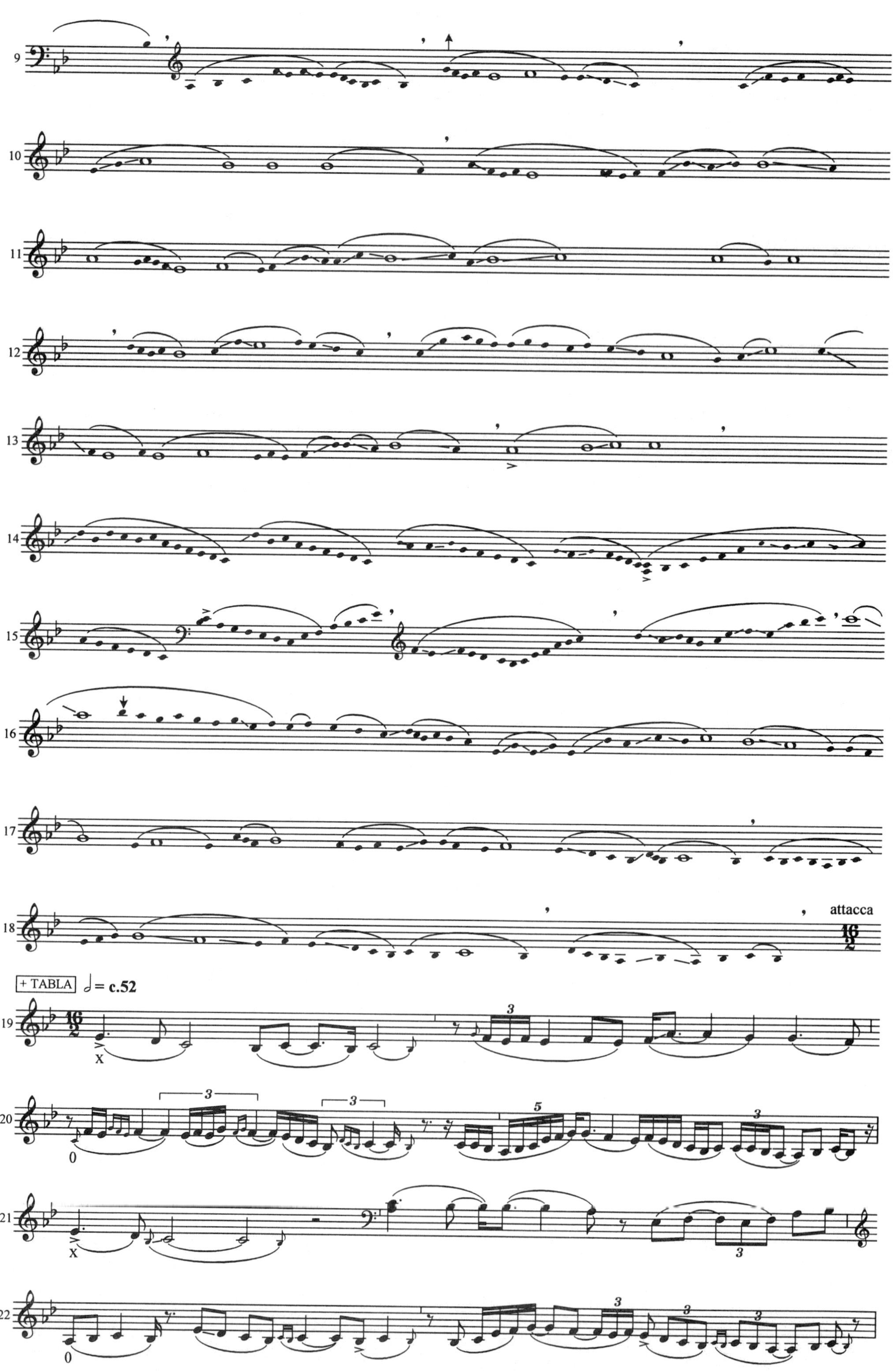

+ TABLA
♩ = c.52
X
0
X
0
attacca

59 Baris Melampahan (extract)

traditional Balinese

As recorded by Gong Kebyar de Sebatu
CD 4 track 17

Baris is a standard dance in Bali, usually danced solo but here in a dramatic context. It varies from one village to the next, and is here accompanied by a gamelan gong kebyar, made of bronze and on this recording played extremely fast.

Instruments:
All metallophones are tuned in pairs to create acoustic 'beatings'
Gong - large hanging gong (ends every cycle)
Kempur - smaller hanging gong
Kemong - smallest hanging gong
(bisects each cycle)
Kempli - small horizontally mounted gong
(keeps the pulse)
Jegogan - pair of largest one-octave metallophones
Calung - pair of smaller one-octave metallophones
Ugal - largest two-octave metallophone (melodic leader)
Gangsa: Pemade - two pairs of smaller two-octave metallophones
        Kantilan - two pairs of smallest two-octave metallophones
Reyong - row of 12 horizontally mounted gong chimes
played by four players (unless notated otherwise, reyong III = reyong I,
reyong IV = reyong II)
Kendhang - two-headed drums: 'male' (lanang)
and 'female' (wadon). Kendhang lanang is leader of group and gives signals
Ceng-ceng - small horizontally mounted cymbals
Suling - bamboo flutes (play same as calung)

Sequence:

Intro	kendhang
U x 2	ugal tune
A	angsel (loud)
B x 2	usual tune (loud)
A x 2	angsel (loud)
K	kendhang accents
B x 8	usual tune
A	angsel (loud)
K	kendhang
B x 8	usual tune
A	angsel (loud)
K	kendhang
B x 5	usual tune
A+	angsel (loud) to go 'high'
H x 6	'high' tune
AH	'high' angsel (loud)
BS	usual tune, slower, slowing to end. (Transition to next section)

Scale: Pelog * 5 6 1 2 3 5 6 1 2 3 (low → high)

Approximate equivalent pitches:

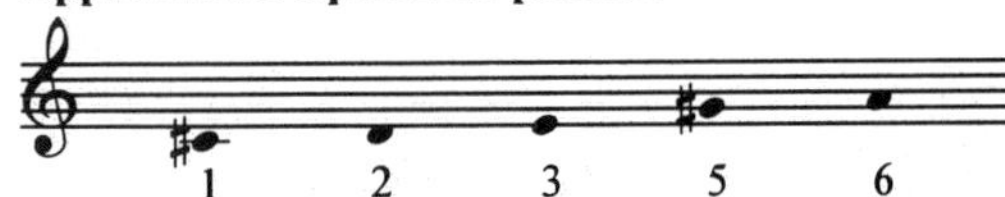

Symbols for punctuating instruments:
Gong   O
Kempur   Y
Kemong   ∧
Kempli   +

Angsel: a melodic/rhythmic break cued by the dancer via the drums which get louder before a gong stroke.

Symbols for kendhang (drums):

Lanang	∧	Dug	A͞	Tek
	P	Pak		
Wadon	O	Dag		
	K	Ka		

* Gamelan gong Kebyar are tuned to one of several possible 5-tone modes, derived from the 7-tone pelog scale, in this case the *selisir* mode, the most common, omitting notes 4 and 7.

(Fades in on gong sound from previous section)

I	Intro.

Kendhang lanang ⟮   P ∧ .   P . P P

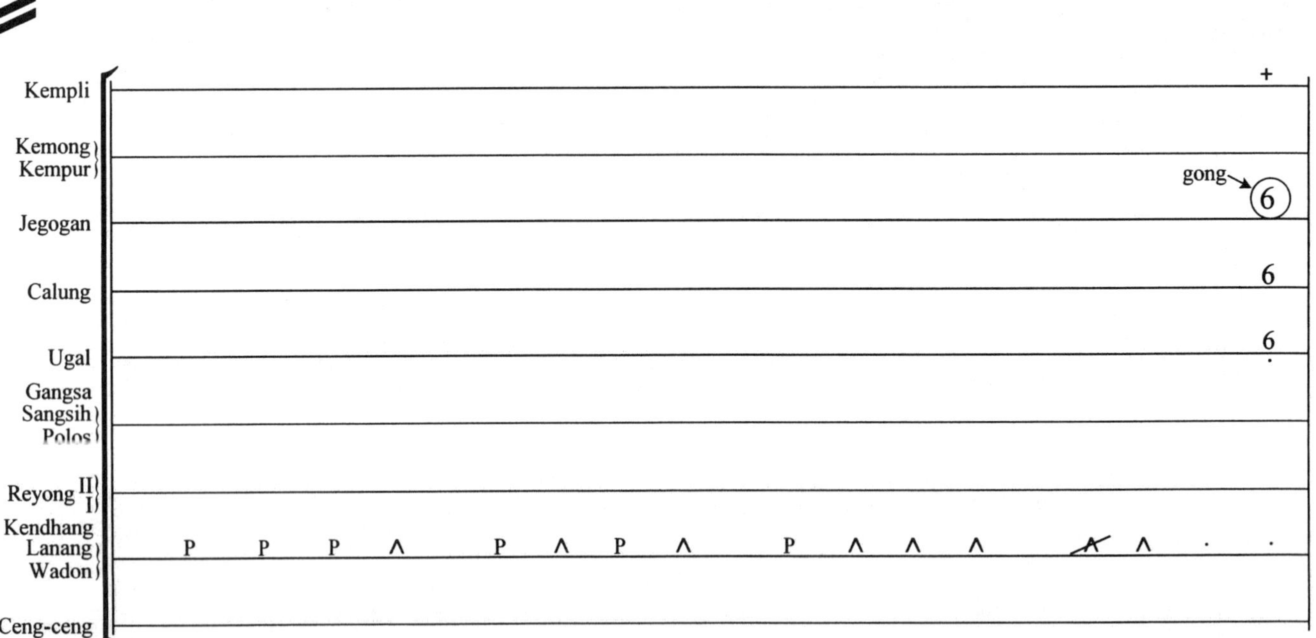

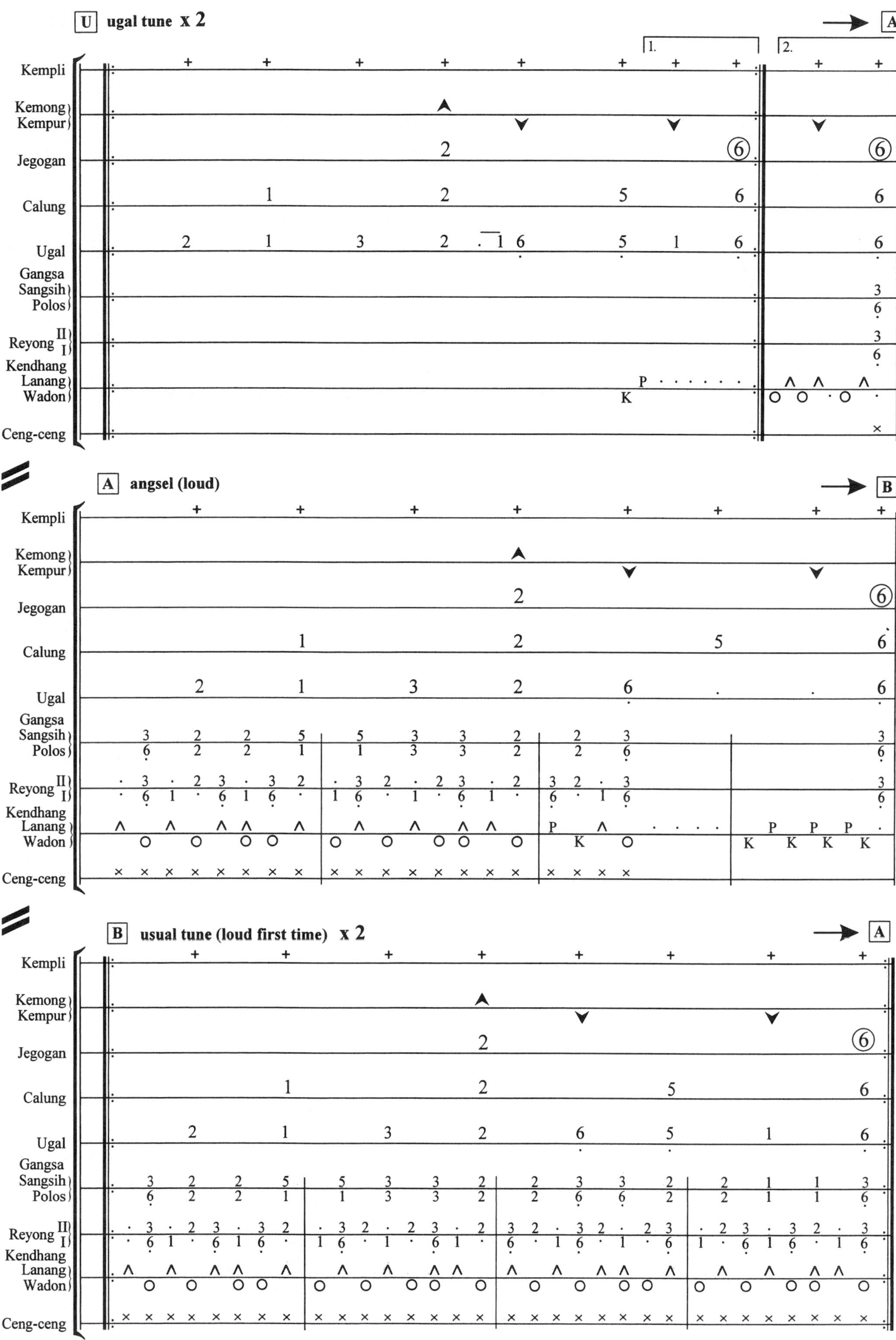

U ugal tune x 2
A
1.
2.
Kempli
Kemong
Kempur
Jegogan
Calung
Ugal
Gangsa
Sangsih
Polos
Reyong II
Reyong I
Kendhang
Lanang
Wadon
Ceng-ceng
P
K
A angsel (loud)
B
B usual tune (loud first time) x 2
A

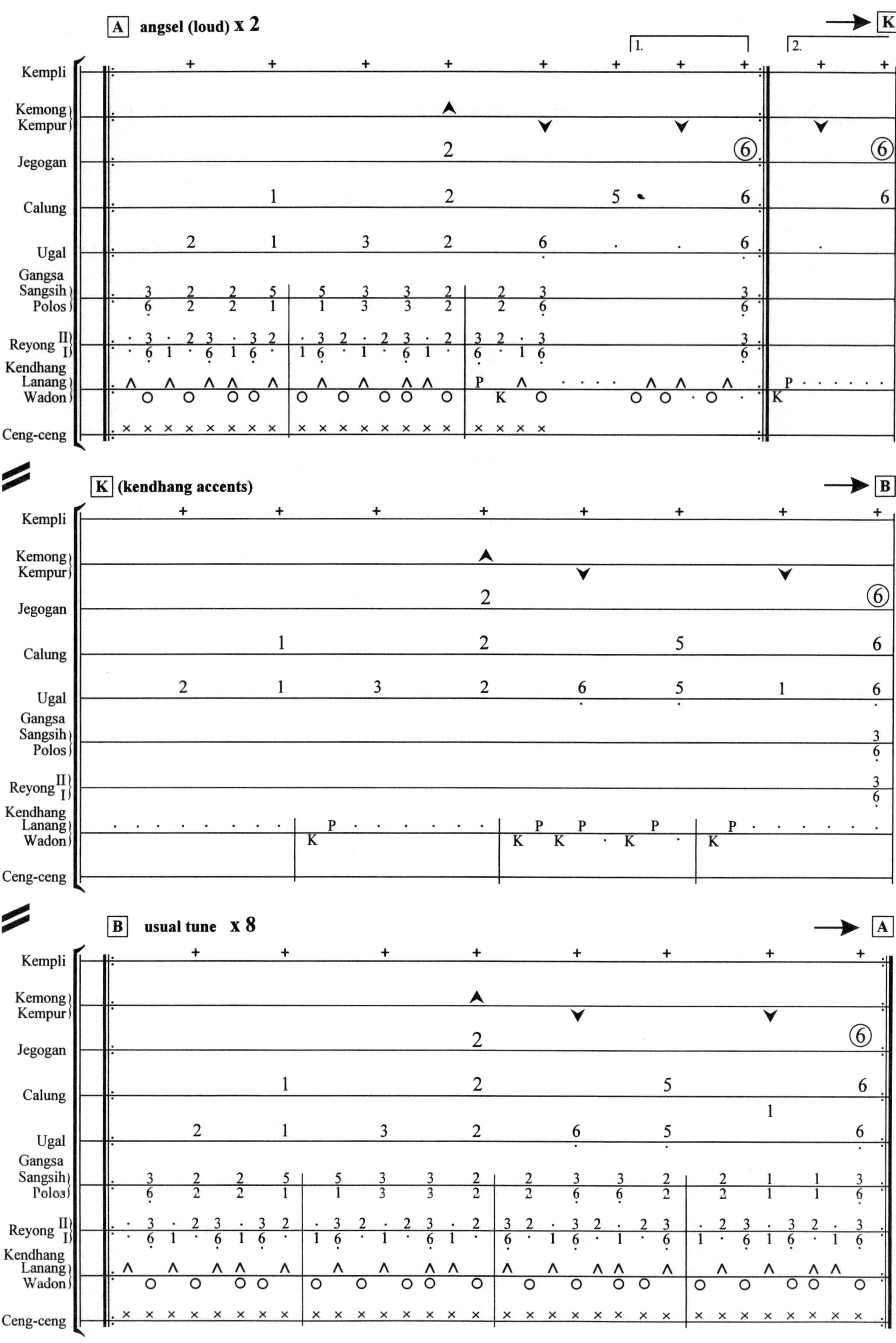

A angsel (loud) x 2
K
1.
2.
Kempli
Kemong
Kempur
Jegogan
Calung
Ugal
Gangsa
Sangsih
Polos
Reyong II
Reyong I
Kendhang
Lanang
Wadon
Ceng-ceng

K (kendhang accents)
B
Kempli
Kemong
Kempur
Jegogan
Calung
Ugal
Gangsa
Sangsih
Polos
Reyong II
Reyong I
Kendhang
Lanang
Wadon
Ceng-ceng

B usual tune x 8
A
Kempli
Kemong
Kempur
Jegogan
Calung
Ugal
Gangsa
Sangsih
Polos
Reyong II
Reyong I
Kendhang
Lanang
Wadon
Ceng-ceng

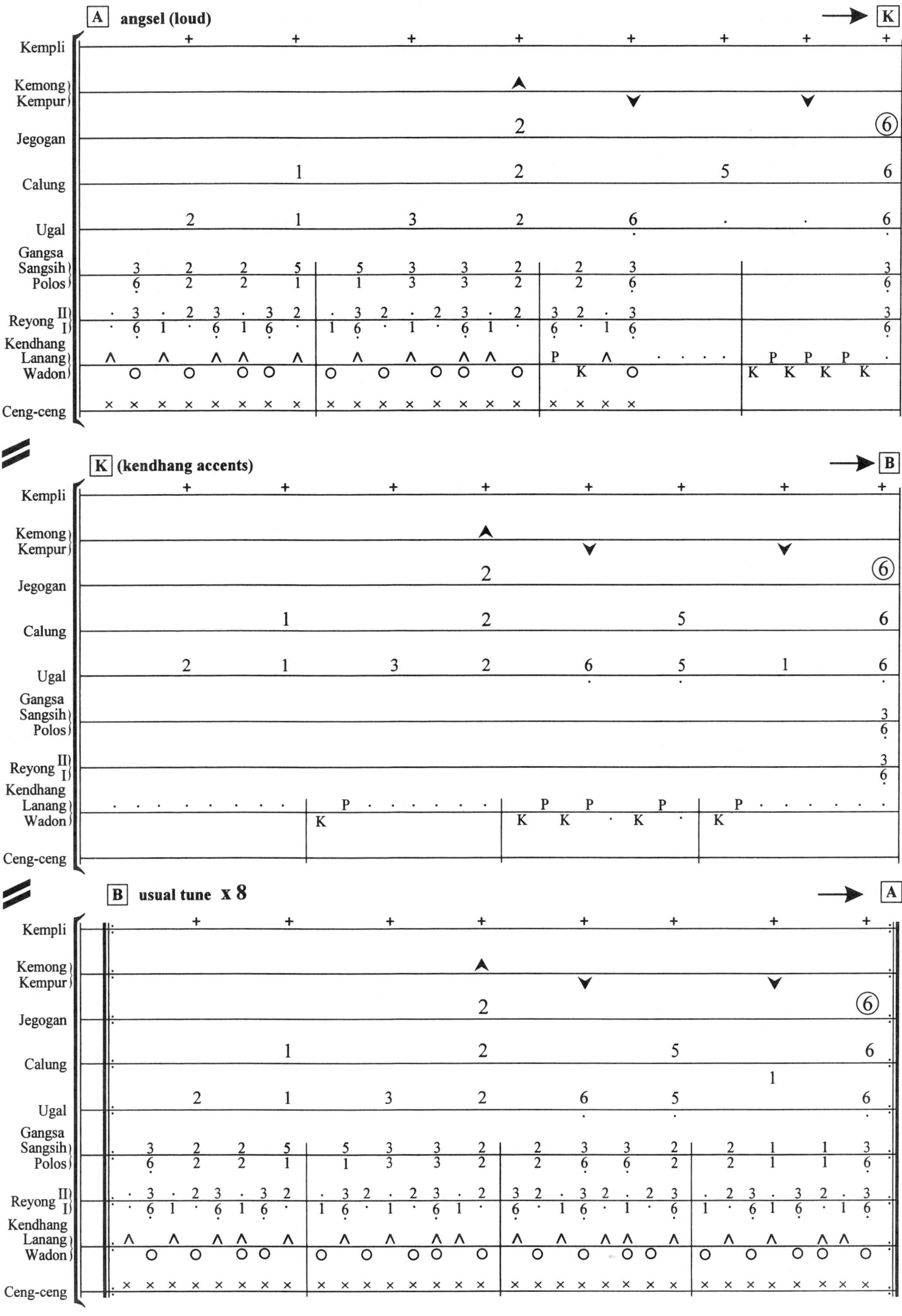

A angsel (loud) → K
Kempli
Kemong
Kempur
Jegogan
Calung
Ugal
Gangsa Sangsih
Polos
Reyong II
I
Kendhang Lanang
Wadon
Ceng-ceng

K (kendhang accents) → B
Kempli
Kemong
Kempur
Jegogan
Calung
Ugal
Gangsa Sangsih
Polos
Reyong II
I
Kendhang Lanang
Wadon
Ceng-ceng

B usual tune x 8 → A
Kempli
Kemong
Kempur
Jegogan
Calung
Ugal
Gangsa Sangsih
Polos
Reyong II
I
Kendhang Lanang
Wadon
Ceng-ceng

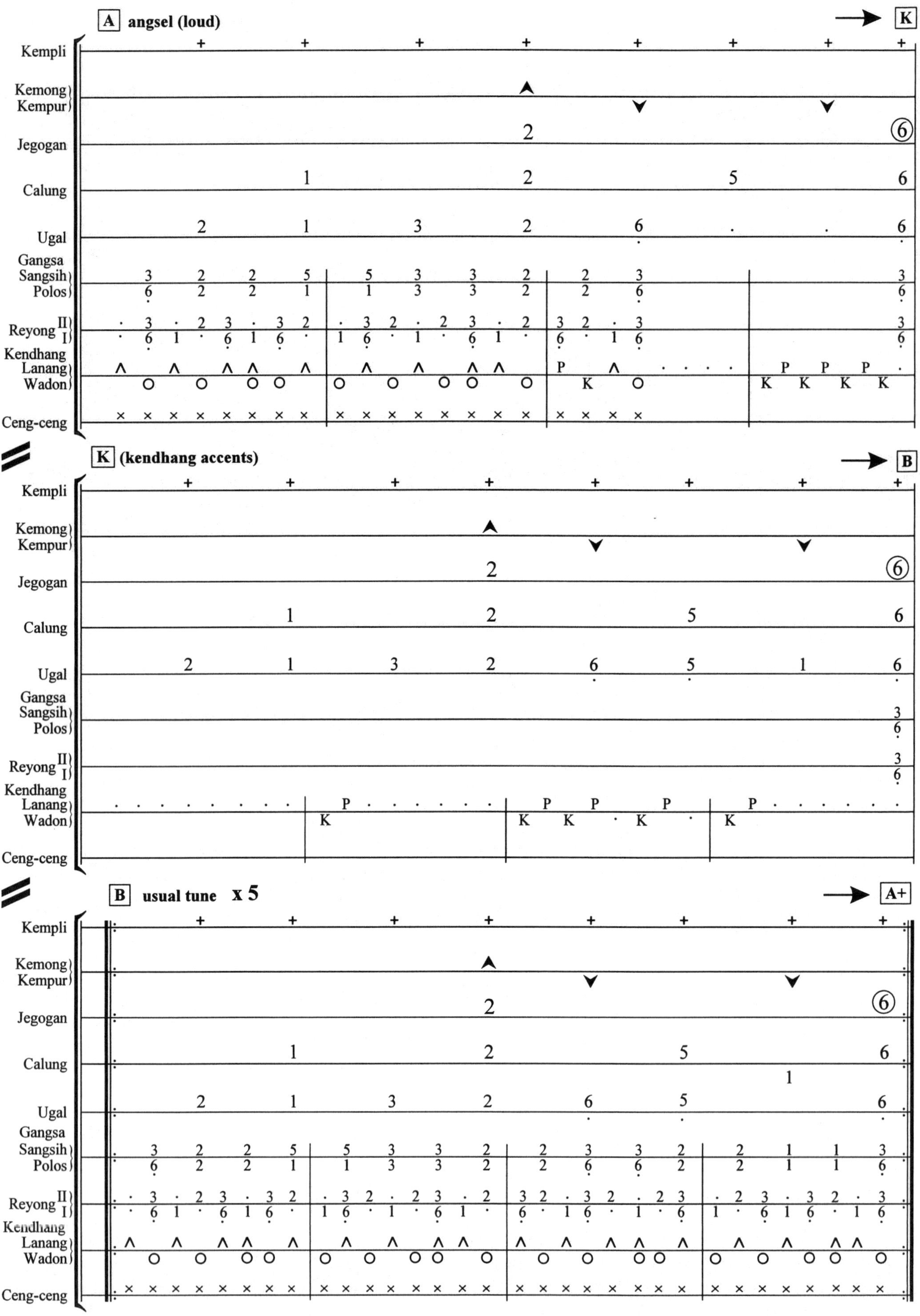
A angsel (loud)
K
Kempli
Kemong
Kempur
Jegogan
Calung
Ugal
Gangsa
Sangsih
Polos
Reyong II
Reyong I
Kendhang
Lanang
Wadon
Ceng-ceng
K (kendhang accents)
B
B usual tune x 5
A+

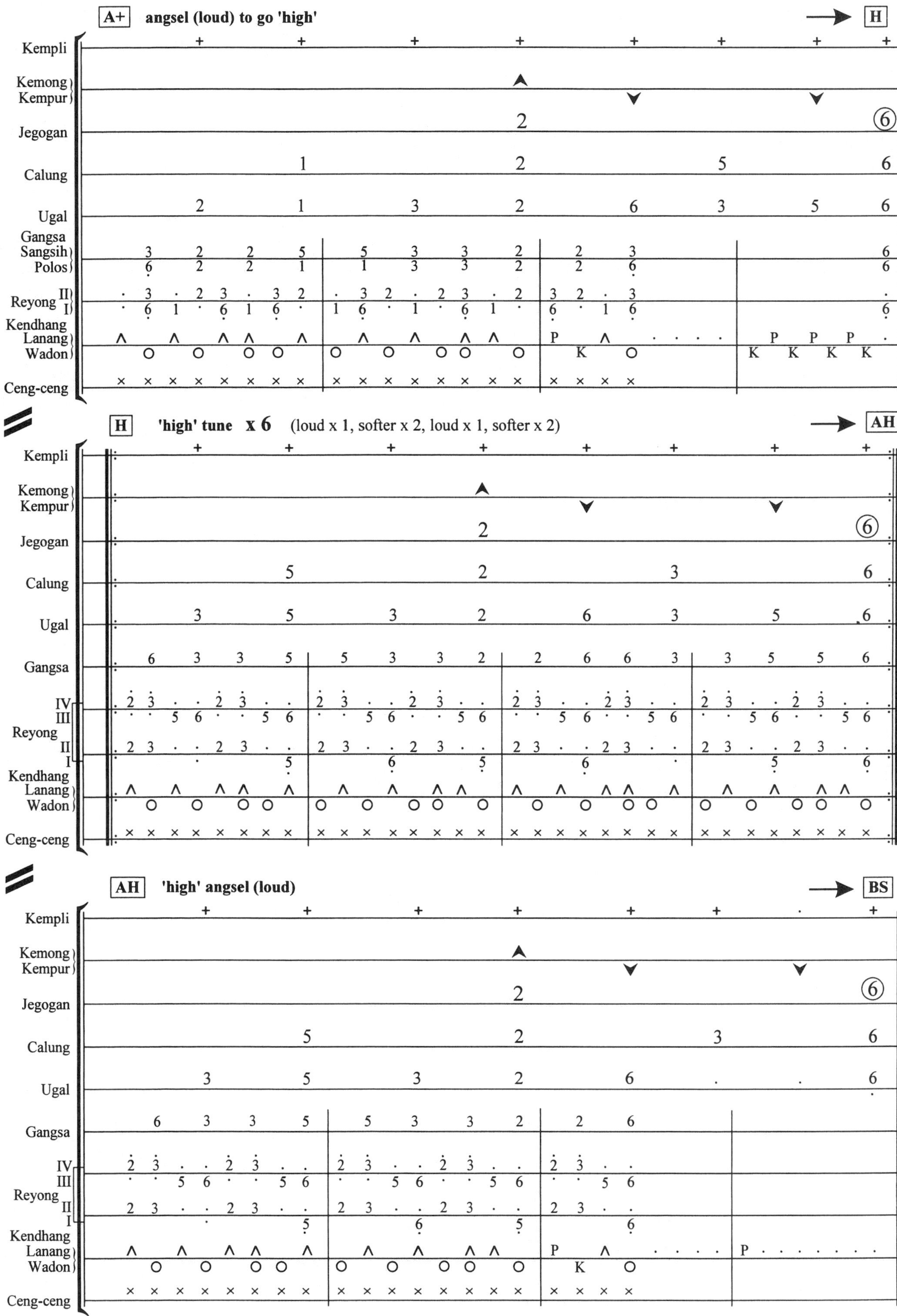

A+   angsel (loud) to go 'high'   H
Kempli
Kemong
Kempur
Jegogan
Calung
Ugal
Gangsa
Sangsih
Polos
Reyong II
Reyong I
Kendhang
Lanang
Wadon
Ceng-ceng
H   'high' tune x 6   (loud x 1, softer x 2, loud x 1, softer x 2)   AH
Kempli
Kemong
Kempur
Jegogan
Calung
Ugal
Gangsa
Reyong IV
III
II
I
Kendhang
Lanang
Wadon
Ceng-ceng
AH   'high' angsel (loud)   BS
Kempli
Kemong
Kempur
Jegogan
Calung
Ugal
Gangsa
Reyong IV
III
II
I
Kendhang
Lanang
Wadon
Ceng-ceng

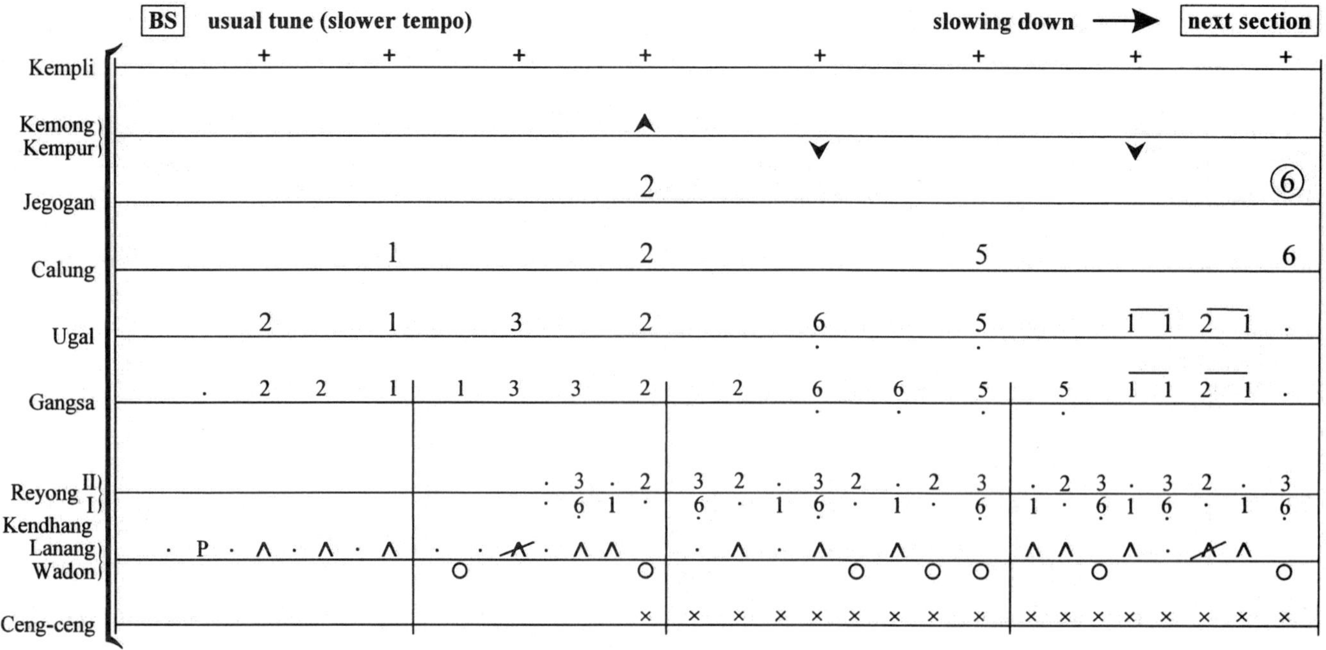

60 Yellow Bird

traditional

as recorded by the Red Stripe Ebony Steelband
CD 4 track 18

The names of instruments and layout of the pans vary from band to band.

61 Tom McElvogue's (jig) and New Irish Barndance (reel)

as recorded by Niall Keegan
CD 4 track 19

jig: Tom McElvogue
reel: traditional arr. Niall Keegan

Many notes are ornamented beyond what has been notated here. Many are double-tongued and some triple-tongued, with the effect that ♪ sounds ♫ or ♫♪, and ♩ sounds ♫ or even ♫♫. This increases the effect of the asymmetric accents in bar 122 and, as a characterization of this style of wind-playing, should be used freely. Foot-tapping occurs on every main beat.

80
tr tr
85
3
C
D
90
Rall.   Accel. - - - - - - combination of (C&D)
tenuto
95
3
(♩ = c.130)
100
105
3
3
110
3
3
115
120
125
Rall.
531

62 Agbekor Dance

as recorded by Mustapha Tettey Addy
CD 4 track 20

traditional Ewe

This music is from the Ewe people of Ghana. None of the instruments have clearly defined pitches, but they have relative pitches
and are carefully tuned according to the piece being played. The transcription uses the closest pitches to be found on traditional staff notation.
Cross-heads show when the wood of the drum has been hit. Normal note-heads indicate 'free beats', produced by hitting the stick on the
drum-skin so that it bounces off immediately. Muted beats are either produced by holding the stick down on the skin once it has been hit,
or by holding one stick down on the skin while striking it with the other stick.

x - the wood of the drum is struck

m - the note is muted.

63 Se quema la chumbambá

as recorded by Familia Valera Miranda
CD 4 track 21

Familia Valera Miranda

Cuatro: a guitar-like instrument with four
pairs of metal strings tuned in octaves.

This 4-bar passage (bars 9–12) is the basis of the rest of the song.

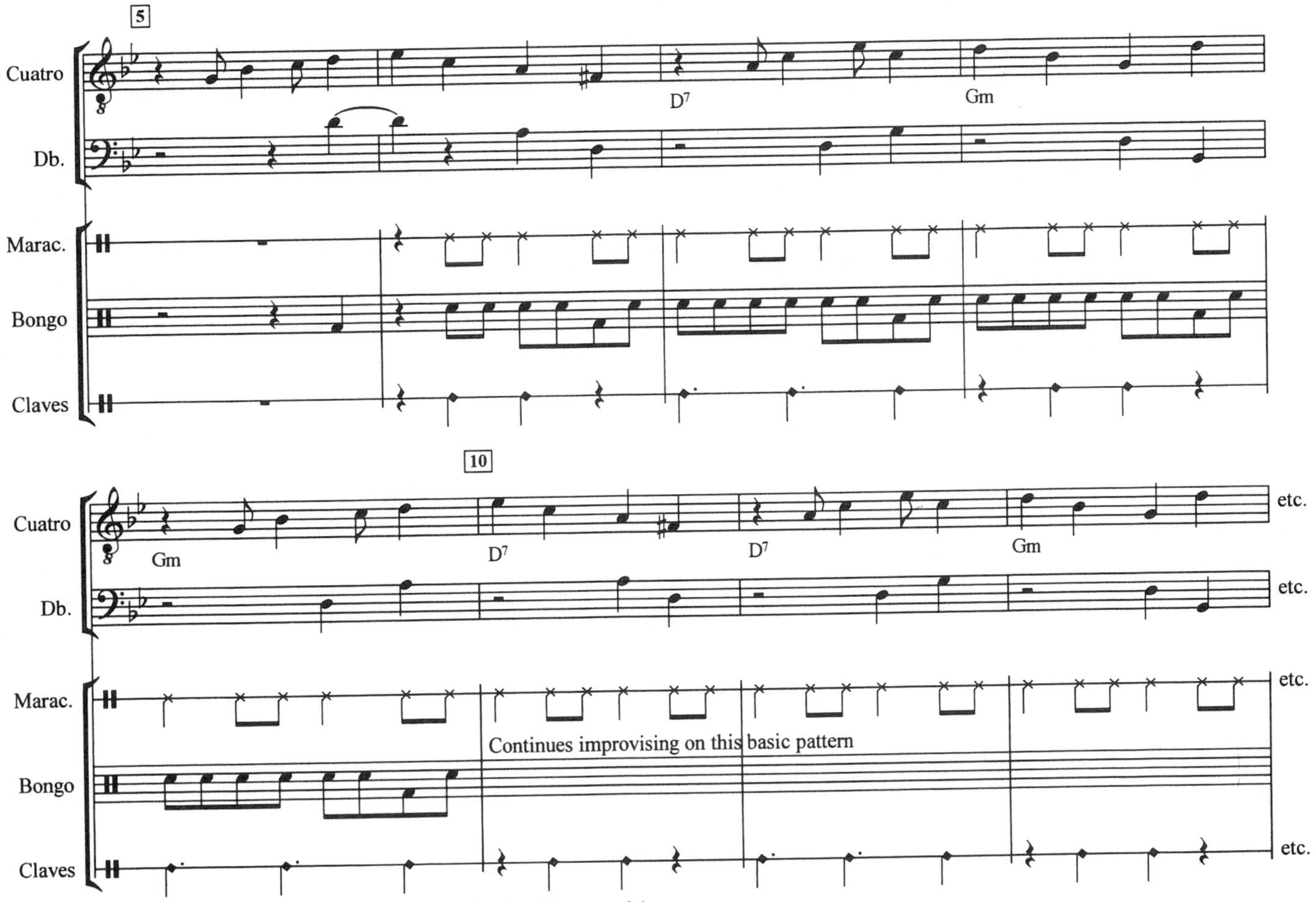

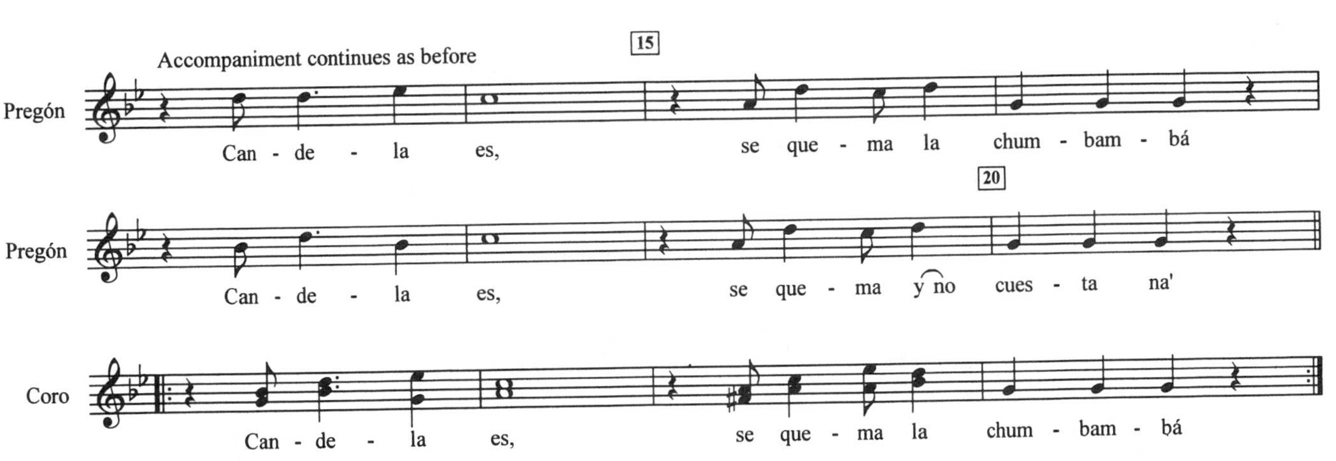

Pregón Mamá que me estoy quemando, mamá mira que me quemo
En no quemándome yo, que se queme el mundo entero

Coro Candela es, se quema la chumbambá
Candela es, se quema la chumbambá

Pregón Candela es, se quema la chumbambá
Candela es, se quema la chumbambá

Coro Candela es, *etc.*

Pregón Que se queme la sabana, se queman los sabaneros
En no quemándome yo, que se queme el mundo entero

Coro Candela es, *etc.*

Pregón	Que se queme esta familia, que se queme este tresero,
	En no quemándome yo, que se queme el mundo entero
Coro	Candela es, *etc.*
Pregón	Candela es, se quema la chumbambá
	Candela es, se quema y no cuesta na'
Coro	Candela es, *etc.*

Cuatro solo

Coro	Candela es, se quema la chumbambá
	Candela es, se quema la chumbambá
Pregón	Candela es, se quema la chumbambá
	Candela es, se quema y no cuesta na'
Coro	Candela es, *etc.*
Pregón	Mamá que se queme Emilia, se queman los sabaneros
	En no quemándome yo, que se queme el mundo entero
Coro	Candela es, se quema la chumbambá
	Candela es, se quema la chumbambá
	Candela es, se quema la chumbambá

Cuatro solo

First 21 4-bar cycles	Cuatro improvises over the 4-bar bass/chord pattern. The first six 4-bar cycles are shown below.
Next 7 4-bar cycles	Bongo improvises while cuatro plays the regular riff (as in bars 9–12)
Last 2 4-bar cycles	Cuatro plays vocal refrain to cue singers' return.

Opening of cuatro solo

536

Glossary of foreign terms

The list below does not aim to be comprehensive; terms thought to be standard or self-explanatory have not been included.

A

accordez (*Fr.*) .... tune (e.g., the strings of a harp)

allmählich im Zeitmass
    etwas zurückhaltend (*Ger.*) ... gradually holding back the tempo somewhat

ancora più mosso (*It.*) .... still more movement (even quicker)

au mouvement (*Fr.*) .... return to the principal tempo

au second plan (*Fr.*) .... in the background

B

belebend (*Ger.*) .... becoming animated

belebt (*Ger.*) .... animated

ben cant[ato]. (*It.*) .... well-sung

bien piqué (*Fr.*) .... well-detached

C

calando (*It.*) .... becoming quieter

cédez (*Fr.*) .... hold back (i.e., the tempo)

col Viola *ad lib.* (*It.*) .... with the viola part, if desired

cuivré (*Fr.*) .... with a brassy tone

D

Dämpfer auf (*Ger.*) .... mutes on

dans le 1er mouv[emen]t.
    avec plus de langueur (*Fr.*) ... at the initial tempo with greater languor

dans le mouvt. plus animé (*Fr.*).. at the livelier tempo

dieser Takt anders, aber doch
    nicht tragisch!! (*Ger.*) .... [sing] this bar differently, but not tragically!

doppio meno mosso (*It.*) .... at half speed

doux (*Fr.*) .... soft

Dpf. [Dämpfer] Ab (*Ger.*) .... mute(s) off

du talon (*Fr.*) .... at the heel [of the bow]

dura come 3/2 (*It.*) .... lasts as long as 3 minims

E

effacé (*Fr.*) .... unobtrusive

en animant (*Fr.*) .... becoming more lively

G

G.P. .... general pause (i.e., all players are silent)

get[eilt]. (*Ger.*) .... divided (e.g., string parts)

I

im Ton genau so wie der
    vorhergehende Takt (*Ger.*) ... with the same tone as in the previous bar

J

jusqu'à la fin (*Fr.*) .... up to the end

L

langsam und schmachtend (*Ger.*) slowly and languidly

léger (*Fr.*) .... light

légèrement et expressif (*Fr.*) ...... lightly and expressively

lontano (*It.*) .... distant

M

marcatiss[imo]. (*It.*) .... very strongly stressed/accented

mit Dämpfer (*Ger.*) .... with mutes

mouv[emen]t. du début (*Fr.*) ..... at the initial tempo

O

ôtez vite les sourdines (*Fr.*) .... remove the mutes quickly

P

pédale de gauche (*Fr.*) .... left pedal (i.e., the 'soft' pedal on the piano)

perdendosi (*It.*) .... dying away

pincer la corde (*Fr.*) .... pluck the string

piquer lourdement mais *p* (*Fr.*) .. strongly detached, but quietly

più tosto (*It.*) .... rather

plus animé (*Fr.*) .... more lively

position nat[urale]. (*Fr.*) .... at the natural playing position

près de la table (*Fr.*) .... near to the sounding board

pressez peu à peu (*Fr.*) .... quicken gradually

R

re accordez (*Fr.*) .... re-tune (e.g., the strings of a harp)

retenu (*Fr.*) .... held back

rigorosamente (*It.*) .... strictly

S

sans trainer (*Fr.*) .... without dragging

Schluss des I Teils (*Ger.*) .... end of Part I

Schneller (*Ger.*) .... quicker

sehr mässig (*Ger.*) .... at a very moderate pace

sempre come sopra (*It.*) .... always as before

sourdine (*Fr.*) .... mute

soutenu (*Fr.*) .... sustained

sub[ito]. meno *f* e leggiero (*It.*) . suddenly less loud and lightly

sul tasto poco a poco naturale (*It.*) play at the fingerboard, gradually returning to the natural position

sur la touche (*Fr.*) .... at the fingerboard

T

tacet (*It.*) .... remain silent

toujours animé (*Fr.*) .... still lively

toujours en animant (*Fr.*) .... still becoming livelier

très discret (*Fr.*) .... very unobtrusively

très doux – bien chanté (*Fr.*) ...... very soft – well-sung

très en dehors (*Fr.*) .... very prominent

très lié (*Fr.*) .... very smooth (*legato*)

très marqué (*Fr.*) .... very stressed/accented

très modéré (*Fr.*) .... at a very moderate tempo

très précis (*Fr.*) .... very precisely

très sec (*Fr.*) .... very dry

très sonoré (*Fr.*) .... very sonorous

U

un peu (*Fr.*) .... a little

una corda (*It.*) .... one string (i.e., the 'soft' pedal on the piano)

Z

zart (*Ger.*) .... soft

Translations of sung texts

Sacred Vocal Music

26. O Wilhelme, pastor bone

O Wilhelme, pastor bone
Cleri pater et patrone
Mundi nobis in agone
Confer opem et depone
Vitae sordes et coronae
Coelestis da gloriam.

O William, good shepherd, father to the clergy and our protector in this world's strife; grant us your aid and banish the sins of this life, and bring us the joy of a heavenly crown.

Fundatorem specialem
Serva Thomam Cardinalem
Et ecclesiam piorum
Tueare, custos horum ;
Et utrisque concedatur
Aeternae vitae praemium.

Especially, we pray, protect Cardinal Thomas [Wolsey], our founder and, as guardian, watch over this church of devout souls, that both may earn the reward of life eternal.

Antiphon in honour of St William of York: written for Cardinal College (now Christ Church College), Oxford

27. In ecclesiis

In ecclesiis
Benedicite Domino, Alleluia.
In omni loco dominationis (eius)
Benedic anima mea Dominum, Alleluia.
In Deo salutari meo et gloria mea.
Deus auxilium meum et spes mea in Deo est, Alleluia.
Deus noster, te invocamus,
te laudamus, te adoramus.
Libera nos, salva nos, vivifica nos, Alleluia.
Deus adjutor noster in aeternum,
Alleluia, alleluia, alleluia.

In every place where his people gather:
bless the Lord, Alleluia!
In every place within his kingdom,
bless the Lord, my soul, Alleluia!
Rejoice in the Lord, my Saviour and my glory!
God is my helper, and my hope is in God. Allelluia!
God of us all, we invoke your name,
We praise you, we worship you.
Deliver us, save us, grant us life! Alleluia!
God is our helper for evermore.
Alleluia, alleluia, alleluia.

Anonymous

28. Ich elender Mensch

1. Ich elender Mensch, wer wird mich erlösen vom Leibe dieses Todes!?

Romans. vii. 24

1. Unhappy man that I am; who will deliver me from this deathly body?

2. O Schmerz, O Elend! So mich trifft, indem der Sünden Gift bei mire in Brust und Adern wüthet Die Welt wird mir ein Siech und Sterbehaus, der Leib muss seine Plagen bis zu dem Grabe mit sich tragen. Allein, die Seele fühlet das stärkste Gift, damit sie angestecket: d'rum, wenn der Schmerz den Leib des Todes trifft, wenn ihr der Kreuzkelch bitter schmecket, so treibt er ihr, ein brünstig Seufzen aus.

Anonymous

2. O the pain, O the misery that torment me, as the poison of my sins courses raging through my breast and veins. This world is more and more my infirmary, my death bed; this body must carry its torments to the grave. But my soul feels most strongly the poison that afflicts it, so that, when pain affects this deathly body, when the cup tastes bitter to the soul, it tears from it a heavy sigh.

3. Soll's ja so sein, dass Straf' und Pein
auf Sünden folgen müssen;
so fahr' hier fort und schone dort,
und lass mich hier wohl büssen

Martin Rutilius

3. If it should be, that punishment and tribulation must follow from our sins, then punish me in this world and spare me in the next and let me atone here below.

4. Ach leg das Sodom der sündlichen Glieder,
wofern es dein Wille zerstöret darnieder!
Nur schone der Seele, und mache sie rein,
    vor dir ein heiliges Zion zu sein.

Anonymous

4. Ah, if it should be your will, destroy this Sodom, this sinful body. Spare only the soul and purify it, that it might become your holy Sion.

29. Quoniam tu solus

Quoniam tu solus sanctus,
tu solus Dominus
tu solus Altissimus
Jesu Christe
Cum Sancto Spiritu in gloria Dei Patris, Amen.

For thou only art holy;
Thou only art the Lord;
Thou only, O Christ,
with the Holy Ghost,
art most high in the glory of God the Father, Amen.

From the Gloria (ordinary of the Mass)

30. Locus iste

Locus iste a Deo factus est
inaestimabile sacramentum, irreprehensibilis est

This place was made by God,
a priceless mystery; it is without reproof.

Liber usualis : Gradual for the dedication of a church

31. Symphony of Psalms (movement III)

(Alleluia) Laudate Dominum in sanctis eius: Laudate eum
in firmamento virtutis eius. Laudate eum in virtutibus eius:
laudate eum secundum multitudinem magnitudinis eius.
Laudate eum in sono tubae: laudate eum in psalterio et
cithara. Laudate eum in timpano et choro: laudate eum
in chordis et organo. Laudate eum in cymbalis bene
sonantibus: laudate eum in cimbalis iubilationis: omnis
spiritus laudet Dominum.

(Alleluia) Praise ye the Lord. Praise God in His
Sanctuary: praise Him in the firmament of His power.
Praise Him for His mighty acts: praise Him according
to His excellent greatness. Praise Him with the sound of
the trumpet: praise Him with the psaltery and the harp.
Praise Him with the timbrel and dance: praise Him with
stringed instruments and organs. Praise Him upon the
loud cymbals: praise Him upon the high sounding
cymbals. Let everything that hath breath praise the
Lord. Praise ye the Lord.

Psalm CL

Secular Vocal Music

35. Ohimè, se tanto amate

Ohimè, se tanto amate
Di sentir 'ohimè', deh perchè fate
Chi dice 'ohimè' morire?
S'io moro, un sol potrete
Languido e doloroso 'ohimè' sentire.
Ma se, cor mio, volete
Che vita habbia da voi,
E voi da me havrete
Mill' e mille dolc' 'ohimè'.

Ah me, my lady, if you so delight
To hear a breathed 'Ah me',
Why then so swiftly doom to endless night
A wretch that breathes 'Ah me'?
For if I die, brief will your pleasure be
To hear one weak and anguished last 'Ah me',
But if you grant me grace, my lady bright,
Then shall you hear my ecstasy
Ten thousand times breathe out a soft 'Ah me'.

Giovanni Battista Guarini

38. Der Doppelgänger

Still ist die Nacht, es ruhen die Gassen,
in diesem Hause wohnte mein Schatz;
sie hat schon längst die Stadt verlassen,
doch steht noch das Haus auf demselben Platz.

The night is quiet, the streets are calm,
In this house my beloved lived:
She has long since left the town,
But the house still stands, here in the same place.

Da steht auch ein Mensch und starrt in die Höhe,
und ringt die Hände vor Schmerzensgewalt;
mir graust es, wenn ich sein Antlitz sehe,
der Mond zeigt mir meine eigne Gestalt.

A man stands there also and looks to the sky,
And wrings his hands overwhelmed by pain:
I am terrified catching sight of his face
When, by the light of the moon, I see my own.

Du Doppelgänger, du bleicher Geselle!
Was äffst du nach mein Liebesleid,
das mich gequält auf dieser Stelle
so manche Nacht, in alter Zeit?

O pale comrade, my very double,
Why do you ape the pain of my love
Which tormented me upon this spot
So many a night, so long ago?

Heinrich Heine

39. Après un rêve

Dans un sommeil que charmait ton image
Je rêvais le bonheur, ardent mirage ;
Tes yeux étaient plus doux, ta voix pure et sonore,
Tu rayonnais comme un ciel éclairé par l'aurore ;

Tu m'appelais et je quittais la terre
Pour m'enfuir avec toi vers la lumière,
Les cieux pour nous entr'ouvraient leurs nues,
Splendeurs inconnues, lueurs divines entrevues.

Hélas! hélas, triste reveil des songes,
Je t'appelle, ô nuit, rends-moi tes mensonges,
Reviens, reviens, radieuse,
Reviens, ô nuit mystérieuse!

Romain Bussine

40. Der kranke Mond

Du nächtig todeskranker Mond
Dort auf des Himmels schwarzem Pfühl,
Dein Blick, so fiebernd übergroß,
Bannt mich, wie fremde Melodie.

An unstillbarem Liebesleid
Stirbst du, an Sehnsucht, tief erstickt,
Du nächtig todeskranker Mond,
Dort auf des Himmels schwarzem Pfühl.

Den Liebsten, der im Sinnenrausch
Gedankenlos zur Liebsten geht,
Belustigt deiner Strahlen Spiel –
Dein bleiches, qualgebornes Blut,
Du nächtig todeskranker Mond!

Albert Giraud trans. Otto Erich Hartleben

After a Dream

In a sleep charmed by your image
I dreamed of happiness, passionate delusion:
your eyes were softer, your voice pure and full,
you were radiant as a sky lit by the dawn.

You called me and I left the earth
to escape with you towards the light:
for us the, skies parted their clouds: unknown
splendours, divine glowings half seen …

Alas! alas, sad waking from dreams!
I beg you, O night, to give back to me your illusions:
come back, come back in your radiance:
come back, O mysterious night!

The Ailing Moon

O deathly-sick moon of night,
There on the black couch of heaven,
Your glance, so feverish, wide-eyed,
Holds me spell-bound as by strange melodies

Of the insatiable sorrow of love
You die, of longing, deep and choking.
Oh deathly-sick moon of night,
There on the black couch of heaven.

To the lover – who steals ecstatically,
Heedlessly, to his beloved –
The Play of your beams is gladdening –
Your pale blood, born of torment,
O deathly-sick moon of night.

World Music

63. Se quema la chumbambá

Candela es, se quema la chumbambá

Mamá que me estoy quemando, Mamá mira que me quemo
En no quemándome yo, que se queme el mundo entero

Que se queme la sabana, se queman los sabaneros
En no quemándome yo, que se queme el mundo entero

Que se queme esta familia, que se queme este tresero,
En no quemándome yo, que se queme el mundo entero

Candela es, se quema la chumbambá
Candela es, se quema y no cuesta na'

Mamá que se queme Emilia, se queman los sabaneros
En no quemándome yo, que se queme el mundo entero

Fire! Our chumbambá[1] is burning

Mama, see how I am afire; look, I am burning
So long as I am not burning, let the whole world blaze

Let the savannah burn; the workers there are burning,
So long as I am not burning, let the whole world blaze

Let the family burn; let the tres[2] player burn,
So long as I am not burning, let the whole world blaze

Fire! Our chumbambá is burning
Fire! It is burning and costs nothing

Mama, let Emilia burn, let the workers in the savannah burn,
So long as I am not burning, let the whole world blaze

[1] a plot of land owned by the singer's family
[2] a guitar with three single or double courses of strings

Index